샹송

차 례

Contents

샹송의 형성과 발전

샹송의 기원과 중세의 샹송

프랑스 샹송(la chanson française)은 멜로디와 프랑스 어 텍스트의 조화로 이루어진, 프랑스의 대중적인 노래를 일컫는 것이라고 할 수 있다. 그러나 현대적인 의미에서 샹송은 프랑스뿐만 아니라 벨기에, 스위스, 캐나다처럼 프랑스 어권 문화를 공유하는 나라들의 대중음악으로 확대된 영역을 칭한다.

기록에 의하면 최초의 샹송은 11세기에 나타났다. 그후 천년 동안 샹송의 형태, 내용, 언어 등은 다양하게 변화하고 발전하였다. 그러나 지금도 여전히 눈에 띄는 특징이 있다. 샹송의 형식은 쿠플레[le couplet, 절(節)]와 르프렝(le refrain, 후렴)으로 이루어지며, 이를 통해 하나의 이야기가 구성된다. 쿠플레는 이야기를 전개, 발전시켜 결말까지 이어가는 역할을 하지만, 내용면에서 보면 반복되는 르프랭이 더욱 중요한 역할을 한다고 볼수 있다. 많은 작가가 르프랭을 통해 자신이 말하고자 하는 바를 강조하기 때문이다.

중세의 샹송은 현대의 대중음악이라는 의미보다는 '성(聖)음악' 혹은 '교회 음악'과 대비되는 '세속 음악'의 의미가 더 강하다. 이 시기의 샹송은 교회 음악과의 관계 속에서 살펴볼 수있다. 중세 사회를 총체적으로 이끈 구심점은 교회였다. 당시엔글을 아는 귀족이 드물었고 평민도 거의 글을 알지 못했다. 따라서 교회는 기독교의 교리를 평신도에게 알리기 위해 그림, 조각, 노래 등을 이용했다.

노래는 그림이나 조각에 비해 교회 밖의 일상생활에서도 늘함께할 수 있는 가장 좋은 교육 도구였다. 세속적인 노래는 교회의 영향력과 별개로 독자적인 영역을 구축했지만 가톨릭 성가와 어떤 방식으로든 영향을 주고받았을 것이다.

우선 성직자들이 대중의 레퍼토리에서 멜로디를 많이 차용했을 것이다. 성경의 내용을 효과적으로 가르치기 위해 세속인들이 잘 알고 있는 멜로디에 가사만 바꾸어 붙인 것이다. 또 사람들이 집에 돌아가 일하거나 모임에 참가하여 교회 음악을 함께 부르기도 했을 것이다. 예를 들면 13세기의 베틀가(la chanson de toile) '앉아 있는 아가씨(La belle se siet)'의 멜로디를 빌어서 15세기에 기욤 두파이가 교회 미사곡을 만든 식이다.

최초의 상송은 남부 지방 속어 방언인 랑그독으로 쓰인 점으로 보아 트루바두르(les troubadours)의 작품으로 여겨진다. 교회 음악과 세속 음악의 경우처럼 중세 사회는 언어로도 구분된다. 교회에 속한 사람들과 성직자들은 고급 라틴 어를, 그 이외의 모든 계층의 사람들은 속어인 로망 어를 사용했는데, 로망 어는 현대, 프랑스 어의 모태가 된다.

트루바두르는 음유시인을 지칭하는 말로, 로망 어로 노래를 만드는 시인 또는 이미 만들어진 노래를 '발견'하고 찾아내는 사람을 지칭한다. 최초의 트루바두르는 아키텐의 기욤 9세 백작으로, 현재 그의 노래는 10여 곡이 전해진다. 곡을 직접 만들어서 노래하는 사람도 있었지만, 대부분의 트루바두르는 다른 사람의 곡이나 이미 알려진 멜로디에 자신이 쓴 시를 붙였다.

시인인 트루바두르들의 노래는 음폭이 좁고 한 옥타브를 넘는 경우가 극히 드물었다. 따라서 트루바두르가 '노래를 한다' 기보다 '시를 낭송한다'가 더 적당한 표현이다. 이런 관점에서 보면 프랑스에서 20세기 이전까지 '상송 가수' 대신 '낭송자'라는 표현이 폭넓게 사용되었던 까닭을 쉽게 이해할 수 있다.

12세기 말부터 트루바두르의 시는 루아르 강을 건너 남프랑스에서 프랑스 북부, 독일, 스페인과 이탈리아 등 서부 유럽으로 전파되었다. 이것이 트루베르(les trouvères)의 기원이다. 트루바두르와 트루베르는 활동 지역에서뿐만 아니라 사용하는 언어에서도 구별된다. 독일의 트루베르는 후일 미네젱거(minnesänger)로 발전한다.

또한 트루바두르를 계승하여 발전시킨 트루베르는 더 나아가 새로운 장르의 노래를 만들었다. 베틀가, 풍자 노래, 술을 마시며 노래하는 권주가 등이 그것이다. 이들은 특히 발라드 같은 정형시를 만들고 정형시에 새로운 리듬을 넣어 일정한 멜로디에 맞춰 춤출 수 있는 캐럴을 만들기에 이른다.

　이 점에서 트루베르는 듣기 위주의 작곡을 했던 트루바두르와 구별된다. 그때까지는 주로 귀족 계급이 이들의 노래를 즐겼으나 춤곡이 만들어진 이후엔 노래를 즐기는 계층이 중산 계급인 부르주아 층과 일반 평민에게로 확대되었다. 프랑스의 노래는 비로소 특정 계급의 전유물에서 벗어나 모든 계층의 사랑을 받게 된 것이다. 성직자들도 트루바두르, 트루베르 등과 함께 방랑하면서 로망 어나 라틴 어로 삶을 즐기는 에피큐리언 풍 노래를 작곡했는데, 그중 몇 곡이 현재 『카르미나 부라나 (Carmina Burana)』[1] 원본에 남아 전해진다.

　현재까지 알려진 트루바두르와 트루베르는 460여 명에 달하며 2,500여 편의 시와 250여 곡의 노래를 남겼다. 그렇다면 이들은 어디에서 시와 노래의 영감을 얻었을까? 당시 사회 문제, 특히 십자군 운동은 좋은 소재가 되었다. 잘 알려진 인물을 풍자하거나 칭송하는 등 시대적 상황이나 자연을 소재로 삼은 노래들도 유행했다. 학자와 귀족들은 세련된 사랑을 그린 궁정 풍 연가(戀歌)를 많이 남겼는데, 사랑의 노래야말로 트루바두르가 남긴 음악 중 가장 완벽한 형태로 남아 있다.

　그런데 어떤 신분이나 계층의 사람들이 트루바두르나 트루베르가 될 수 있었을까? 로망 어를 아는 사람이면 그 누구라도 될 수 있었다. 왕, 백작 등 귀족부터 교회 수사, 상인, 기사, 더러는 하층민에 이르기까지 사회의 다양한 계층이 트루바두르나 트루베르로 활동했다.

이후 13세기 초반이 되면 새로운 스타일의 노래가 나타나는데, 바느질이나 뜨개질을 하는 혹은 실을 잣는 여인들을 위한 베틀가이다. 베틀가는 대개의 경우 멜로디가 단순하고 슬프며, 수를 놓는 젊은 아가씨나 여인이 노래에 등장한다는 점을 그 특징으로 들 수 있다. 클로드 뒨통에 의하면 베틀가는 단순히 여인들이 베를 짜면서 부르는 노래가 아니다. 사실적 이야기로 구성된 이 노래에는 중세 사회의 규범이, 특히 귀족 사회가 묘사되고 투영되어 있다는 것이다. 11세기 마틸드 여왕이 만든 것으로 전해지는 '바이외 태피스트리(la Tapisserie de Bayeux)'를 통해서도 알 수 있듯이, 중세에는 실을 잣고 수를 놓는 일이 여왕과 귀족 계층의 전유물이었다. '창가에 앉아 있는 어여쁜 도에트(Belle Doette à la fenêtre assise)'를 보자.

창가에 앉아 있는 어여쁜 도에트,
책을 읽고 있지만 마음은 다른 곳에 가 있지요.
온통 사랑하는 도온 생각뿐.
그는 멀리 다른 나라로 싸우러 떠났습니다.

커다란 접객 홀에 이르는 계단 앞에

시종이 멈춰 서더니 말에서 짐을 내려놓았어요.
도에트는 지체 없이 질문을 던집니다.
"오랫동안 뵙지 못한 나의 주군은 어디에 계시나요?"

도에트는 재차 물었습니다.
"사랑으로 모실 내 주군은 어디에 계시나요?"
"마님, 이젠 더 이상 숨길 수가 없군요.
주군께선 돌아가셨습니다."

도에트는 탄식하기 시작했어요.
"충직하고 훌륭하신 도온 백작,
불행히도 당신께선 가 버리셨군요.
당신에 대한 사랑의 징표로
이젠 고행자들이 입는 속옷을 입겠어요.
더 이상 털외투를 걸치지 않겠어요.
생 폴 교회에서 수녀가 되겠어요."

사랑하는 사람이 전쟁터에서 목숨을 잃자 도에트는 커다란
슬픔에 빠진다. 중세에는 전쟁이 흔했고, 전쟁터로 떠난 애인이
나 남편의 죽음으로 여인 홀로 남게 되는 일이 다반사였던 것
이다.

베틀가는 사랑의 기쁨과 슬픔뿐만 아니라 그 위험성에 대해
서도 말하고 있다. 특히 혼전 임신을 경계하기 위해 만들어졌

을 것이다. 그 당시 미혼의 젊은 아가씨에게 혼전 임신은 사회적 죽음을 의미했기 때문이다. 아울러 "수녀가 되겠어요."라는 말에서 알 수 있듯이, 여자는 살아서 뿐만 아니라 죽어서까지 한 남자를 사랑해야 한다는 중세 시대의 애정관이 드러난다. 사실 여자들의 삶은, 특히 남편이 죽은 여인들의 반쪽 삶은, 수녀원 안에서건 수녀원 밖에서건 별 차이가 없다고 할 수 있다. 기독교 사회의 규범에 의해 언제나 보호받고, 더 정확하게 말하면 감시받는 삶이었을 테니까 말이다.

이런 중세 사회의 특성을 고려한다면, 베틀가를 남자들이 딸이나 아내를 가르치기 위해, 다시 말하면 남자에게 종속되는 여자의 삶을 준비시키기 위해 만들었으리라는 추정이 힘을 얻는다. 당시 교회에서는 라틴 어로 설교하였기 때문에 여자들이 설교 내용을 이해하기 어려웠을 것이다. 더욱이 일상생활에 대한 설교는 드물지 않았을까? 여자들을 위한 교육 기관도 없었던 이런 상황에서 샹송은, 특히 베틀가는 여자들을 위한 예의범절 전서였고 인생의 교과서였다. '어여쁜 도에트'를 부르며 여인들은 도에트의 불행과 죽음을 미리 경험하는 것이다. 이후 18~19세기에 베틀가는 로망스로 부활하는데, 그중 가장 잘 알려진 노래가 '사랑의 기쁨(Le plaisir d'amour)'이다.

샹송의 발전과 확산

트루바두르와 트루베르의 출현은 이후 샹송의 내용과 형태에 결정적인 영향을 미쳤다. 이들은 대부분 시인이었기 때문에 샹송에서 당연히 멜로디보다는 텍스트에 더 비중을 두었다. 이러한 샹송을 텍스트 위주의 샹송(la chanson à texte), 혹은 문학적 샹송이라 칭한다. 이런 전통은 16세기 시인 피에르 드 롱사르(Pierre de Ronsard)에 의해 다시 살아났다가, 19세기에는 몽마르트르의 카바레를 중심으로, 20세기에는 작사-작곡-가수(sing a song writer) 세대의 출현과 생제르맹데프레(Sain-Germain de Près : 센 강가 주변을 이르는 말)와 함께 부활한다.

16세기 들어서는 음악가와 시인의 교류가 본격화되었는데, 이 분야의 혁명은 피에르 드 롱사르에 의해 시작된다. 그는 최초로 음악가와 공동 작업을 시도하였다. 그는 1552~1553년 세르통과 자느캥 등의 작곡가의 음악을 곁들인 시집 『사랑(Les Amours)』을 발표한다. 악기가 없거나 여러 목소리가 어우러지지 않은 시 낭송은 전혀 아름답지 않으며, 듣기 좋은 목소리가 함께하지 않는 악기 연주도 아름답지 않다고 단언하며 그는 시에 음악을 붙여야 한다고 주장했다. 곡이 붙여진 그의 시는 현재 300편이 넘는다.

이처럼 이 시기까지 샹송에서 멜로디 부분은 텍스트를 돋보이게 하는 보조 자격에 머무른다. 이 시기 샹송의 특징 중 하나는 텍스트가 멜로디와 긴밀히 밀착되어 노래에서 가사가 멜로디보다 우위를 차지한다는 사실이다. 텍스트는 멜로디에 비해 유행에 덜 민감하고 시간의 흐름을 잘 견딘다. 과거에 유행한 노랫말을 요즘 리듬에 맞게 편곡하는 일이 빈번하게 일어나는 것만 보아도, 텍스트는 보편적 진리를 노래하며 시간을 초월해 사람의 심금을 울리고 있음을 알 수 있다. 그러나 엄밀히 말해서 멜로디는 가사만큼 중요하다. 당연히 프랑스 상송의 정수는 가사와 멜로디의 완벽한 조화에 있다.

16~17세기에 들어서면서 새로운 유형의 노래들이 나타났다. 평민은 특히 당시의 종교나 정치적 상황을 풍자한 노래를 즐겨 불렀다. 그리고 '퐁네프(Pont Neuf)'가 등장했다.

파리 퐁네프 다리 밑에는 풍자 가요 작가나 풍자 글을 짓는 사람들이 많이 숨어 지냈다. 이들은 정치적 이유로 다리 밑에 숨어 지냈는데, 이러한 현상은 마자랭 시대부터 나폴레옹 1세 시대까지 지속되었다. 이 다리 밑의 시인과 작가들은 대부분 당시 정권을 비판하고 그에 저항하는 세력이었다.

프롱드의 난 때 이곳에서 마자랭을 풍자하는 노래가 생겨나기도 했다. 프랑스 역사 속의 많은 사건이 노래 속에서 칭송받기도 하고 비난받기도 했는데, 퐁네프에서 만들어진 노래는 민중의 의견을 대변한 노래라고 불리웠다. 널리 알려진 노래의 멜로디에 다른 가사를 붙여 만들어진 풍자 노래들은 곧 퐁네프라는 이름으로 분류된다. 다시 말하면 퐁네프는 다리 이름이면서 동시에 잘 알려진 곡조에 가사를 붙인, 비교적 짧은 풍자 노래를 말한다.

사실 선동적인 포교 노래는 이미 12세기 방랑 성직자인 골리아르 시대부터 유행했다. 종교전쟁 이후 루이 13세와 리슐리외는 전쟁으로 텅 비어 있는 국고를 채우기 위해 갖은 방법을 동원한다. 검열이 강화되었지만 풍자 가요 작가는 곧바로 이 사실을 폭로하고 비판했다. 특히 프롱드의 난으로 이어지는 몇 년 동안 정치적 상송은 가장 중요한 위상을 지니게 되는데, 마자랭을 풍자하는 『마자리나드(Les Mazarinades)』에만 6,000곡이 넘는 노래가 실린다.[2] 쏟아져 나오는 노래를 더 이상 검열할 수 없는 지경에 이르고, 결국엔 "나는 창녀 같은 우리 여왕을 목 졸라 죽이고 싶어." 등 직설적이고 난폭한 가사로 채워진 노래집들이 유포되었다.

종교전쟁이나 프롱드의 난 같은 중대한 사건에 관한 노래들은, 특히 풍자 노래들은 퐁네프 다리에서 불렸다. 그런데 왜 퐁네프 다리인가? 중세의 거리는, 특히 파리의 거리는 센 강의 잦은 범람으로 인해 진흙탕인데다 울퉁불퉁 기복이 심했다. 그러나 퐁네프 다리 부근은 편평하고 탁 트인 공간이었다. '새로운 다리'라는 뜻과 달리 1604년에 완공된 퐁네프는 파리에서 가장 오래된 근대식 석조 다리이며 가장 긴 다리이고(길이 232m, 폭 20m) 최초의 지붕 없는 다리이기도 하다. 중세 시대에는 대부분의 다리가 목조에 지붕을 씌운 형태로 되어 있었다.

또 퐁네프는 파리 중심부에 위치하며, 최초로 센 강을 건널 수 있는 다리이기도 했다. 화창한 봄이나 여름 저녁, 사람들이 산책하러 이 다리로 모여들었고, 사람들이 많이 모이는 곳엔 언제나 장이 열렸다. 따라서 퐁네프는 포교와 선전과 소요의 진원지가 되면서 수많은 소식을 만들어 내고 퍼뜨리는 대표적인 장소가 된다.

퐁네프 다리는 사람들의 의견이 형성되는 데 결정적 역할을 했다. 요즘의 텔레비전 스튜디오처럼 모든 것이 이곳에서 토론되고 다루어지고 비웃음거리가 되었다. 사람들은 "파리에 어떤 소문이 돌고 있느냐?"고 묻지 않고, "퐁네프에서 어떤 노래가 불리느냐?"고 물었다. 퐁네프엔 완전한 표현의 자유가 있었다. 퐁네프는 파리의 중심에서 더 나아가 프랑스 왕국의 중심이 되었다. 여기에서 불리던 노래들이 장터를 돌아다니던 악극단, 광대, 가수 등을 통해 지방 도시로, 시골로, 산악 지대로 퍼져 나갔던 것이다.

여기서 중요한 사실은 샹송을 통해 프랑스 어가 전국 방방곡곡으로 퍼지고 일반화되었다는 점이다. 당시 파리를 제외한 다른 지방에서는 방언을 쓰고 있었다. 예를 들면 브르타뉴 지방의 뱃사람 노래는 지방 언어로 불렸지만 그 노래가 다른 지방으로 전파될 때는 파리 중심의 프랑스 어로 바뀌었던 것이다. 모든 노래는 퐁네프를 거쳐 다시 퍼져 나갔고, 그러면서 지방어는 프랑스 어로 바뀌어 다시 전파되었다.

이처럼 샹송은 라디오나 텔레비전이 나오기 전에 이미 표준어 확산에 중추적 역할을 했다. 루이 14세의 절대 권력이 파리를 중심으로 형성된 것처럼 노래를 통해 자연스럽게 지방 언어가 배제되고 파리 중심의 표준어가 형성되었다.

교회나 종교를 비판하는 노래들은 중세에도 있었지만, 종교 전쟁이나 퐁네프처럼 집중적으로 나타난 것은 이 시기가 처음이었다. 이런 정치적 샹송은 혁명이나 전쟁 등의 위기 상황에서 더욱 힘을 얻었다. 대표적인 정치적 상송이라면 프랑스 대혁명 시절의 '라 마르세예즈(La Marseillaise)'를 들 수 있다. 이 곡은 금지와 해금의 파란만장한 과정을 겪었으나 제3공화정 시대인 1879년 프랑스 국가(國歌)로서 그 입지를 굳혔다.

16세기 말 보따리 장사들은 외딴 시골 마을까지 내려가 소식지를 팔았다. 여기에는 각종 사건들이 적혀 있었고, 그림을 비롯해 노래 몇 곡이 실려 있었다. 이처럼 문자화된 소식지도 상송을 보급하는 데 한몫을 했다. 16세기 이후 노래는 커다란 사건의 전모를 밝히거나 자신의 의견을 전파하는 역할을 담당하게 된다. 상송의 정보 전달자 역할은 중세 이후 지속되다가 신문이나 잡지 같은 인쇄 매체가 발달하는 19세기 들어 점차 약해진다.

상송의 문화적 의의와 가치

노래가 모든 예술 장르 중 가장 대중적이라는 점에는 아무도 이의를 제기하지 않을 것이다. 그러나 상송에 관한 사전적인 정의에는 대부분 경멸의 뉘앙스가 스며 있는 점을 간과할 수 없다. 이 점은 현대의 문화 현상을 '고급문화'와 '대중문화'로 분류한 허버트 J. 갠즈의 용어에서도 엿볼 수 있다. 그러나 상송을 '고급문화'와 '대중문화'의 대립 구도로만 이해하는 것은 잘못된 일이다.

20세기에 형성된 대중문화는 생활 수준의 향상, 교육의 보급, 매스컴의 발달 등을 기반으로 이루어지며, 대량 생산과 대량 소비를 전제로 하기 때문에 문화의 상품화·획일화·저속화 경향이 생기는 경우가 많다. 따라서 20세기 이전의 샹송은 현대적인 의미의 대중음악이 아니고 민중 음악의 의미가 더 강하다고 하겠다. 여기에서 민중은 국가나 사회를 구성하는 일반 국민을 지칭하며 피지배 계급으로서의 일반 대중을 이른다.

샹송은 지배층뿐만 아니라 피지배층이 모두 함께 즐겼다는 점이 독특하다. 서민층에서만 불리던 다른 나라의 대중음악과 달리, 샹송은 중세 이후 귀족층에서 시작되어 점점 서민층으로 대중화하는 과정을 거치며 발전했기 때문이다.

귀족 계급에서 평민에 이르기까지 다양한 계층 깊숙이 파고든 샹송은 삶의 애환과 죽음은 물론 정치·역사적 사건과 위인들의 업적과 죽음까지 다루었다. 중세의 십자군 운동부터 16세기의 종교전쟁, 18세기 말의 대혁명 등 역사적 순간마다 멜로디에 실린 샹송의 내용은 프랑스 전 국민의 의식을 한데로 모으고 깨우치는 역할을 했다. 이 점만으로도 샹송의 영향력과 가치는 충분히 짐작되고도 남는다. 샹송은 시대와 계층을 넘어 모든 인간의 감정이 조우하고 결집하고 교차하는 종합 예술에 속하며, 모두가 공유할 수 있는 만인의 예술이다.

언어와 음률, 두 요소를 접목시킨 음악이야말로 계층 간, 빈부 간 격차를 떠나 만인이 좋아하고, 만인이 쉽게 접근할 수 있는 분야다. 언어를 모르는 상태에서 멜로디만으로도 쉽게 접할 수 있는 '만인의 언어'가 바로 노래다. 그러므로 음률과 언어

속에 용해되고 응집되어 있는 사회, 정치, 문화 및 정서적 요소들에 문학적·사회적으로 총체적인 접근을 시도하는 것은 고무적인 일일 것이다. 상송의 세 요소는 시, 멜로디 그리고 역사다.

천 년이 넘는 상송의 역사 이외에도 상송이 특별하게 다뤄져야 하는 까닭이 하나 더 있다. 중세 이래로 상송은 언제나 시와 불가분의 관계를 맺어 왔다. 그런 이유로 다른 나라의 대중가요와 비교해서 깊고 풍부한 의미가 깃들인 대중가요로 인정받고 있는지도 모른다. 상송이 시와 접목됐다는 점은, 그것이 단순하고 함축적이며 향기 그윽한, 아름다운 시어를 자랑한다는 의미이며, 짧은 수명을 누리다 사라지는 여느 대중가요와는 다르다는 반증이다.

물론 상송과 시는 각각의 특성을 지닌 다른 예술 장르임을 기억해야 한다. 또한 상송 가사와 시를 비교하는 것은 위험한 일일 수 있다. 다수의 상송이 시에 곡을 붙인 것이지만 모든 시를 상송으로 만드는 것은 불가능하다.

한 가지 덧붙일 사실은 중세부터 19세기까지 시인과 노래하는 사람들을 현재의 시인과 가수들과 동일시해서는 안 된다는 점이다. 이 시기의 노래와 시는 사람들이 모이는 곳에서 향유되는 야외 예술이었다. 사람들은 교회건 장터건 어느 곳에서건 자신의 사랑과 슬픔과 희망을 표현하기 위해서, 또 모두가 공유할 수 있는 감정을 표현하기 위해서 모였다. 이렇게 중세 초기부터 교회, 사원, 성 등은 예술과 사고의 중심지로 행사의 중심지와 감정의 교환 장소가 되었다.

사람들의 기쁨과 슬픔, 일상을 함께 풀어내는 샹송의 본래 역할 이외에도 역사 속에서 샹송은 다양한 역할을 했다. 이미 언급했듯이 샹송은 베틀가처럼 글을 몰랐고 특별히 교육을 받지 못했던 여인들에게 교육적 역할을 담당하기도 했다. 또한 의무 교육이 일반화되고 신문 같은 언론 매체가 존재하기 이전에 노래는 사람들에게 소식을 알리고 자신의 뜻을 알릴 수 있는 중요한 정보 교환의 수단이 되기도 했다.

끝으로 샹송과 언어의 관계에서 살펴보면 또 한 가지 중요한 역할을 발견할 수 있다. 노래는 중세의 농민들처럼 교육을 받지 못한 계층에게, 교회의 기도문과 더불어 세련된 어휘를 접할 수 있는 유일한 기회를 제공했다. 문자를 배우지 못한 탓으로 평민들의 언어는 일상생활, 농사, 계절, 가족, 노동, 출생과 죽음, 전쟁 등으로 제한되어 있었다. 그리고 대부분의 속담과 격언처럼 이전 세대로부터 물려받은 것들이었다. 그들의 단조로운 언어에 좀 더 복잡하고 시적인 표현을 가져오고, 그들의 어휘에 풍요로움과 새로움, 상상력과 활기를 불어넣은 것은 바로 가톨릭 성가와 샹송일 것이다. 노래를 통해 사람들의 감정은 풍부해졌다. 이렇게 하여 노래는 마을 사람들의 무의식에 함께 섞이게 되었다. 샹송은 곧 국민의 영혼인 것이다.

사회가 발전하면서 노래와 사회의 관계는 더욱더 즉각적이고 밀접한 관계를 맺게 된다. 환경 보호라거나 사형 제도 폐지, 에이즈, 이민자들, 학교, 가족 등 사회의 문제를 다루는 노래들이 시기에 맞게 만들어졌고, 그리하여 이 노래들이 시대정신을 구현하고 사회를 이끌어가기에 이르렀다. 이는 가수나 작곡하는 사람들이 사회의 흐름을 예견해서 했다고 보기보다는 노래가 그들이 몸담고 살아가는 시대를 비추는 거울의 역할을 했기 때문이라고 하겠다.

이런 점에서 장-자크 골드망의 발언은 의미가 깊다. 그는 "난 내 노래가 후대에 길이 남으리라고 확신하며 곡을 쓰지 않을 것이다. 그러나 최소한 내 노래는 내가 살고 있는 이 시대를 짤막하지만 정확하게 찍어 내는 폴라로이드와 같은 것이라고 말하고 싶다."고 적고 있다.

20세기에 들어서 프랑스 샹송과 프랑스 공연계에서 재즈, 록, 랩에 이르기까지 영미권 음악의 영향은 더욱 커져 가고 있다. 뿐만 아니라 프랑스 샹송은 아르헨티나의 탱고, 서인도 제도의 주크, 아프리카와 미국의 랩과 알제리의 라이 등 모든 이국적인 요소의 영향을 받아들이고 있다. 또한 샹송은 다양한 국적과 다양한 억양의 가수와 음악가들을 환영하고 받아들였다. 샹송은 이렇게 이국적인 자양분들을 잘 소화하면서 자신만의 정체성을 잘 간직했다.

이런 다양한 요소가 샹송의 고유한 특징을 해칠지도 모른다는 우려가 제기되기도 했으나, 샹송 연구자들은 샹송의 고유한 특성이 그리 쉽게 퇴색하지는 않을 것으로 전망했다. 양차 세계대전의 소용돌이 속에서 또 현대의 글로벌 시대에서 샹송의 전통적이고 고유한 특성이 삶의 즐거움과 꿈을 표현하는 수단으로 자리 잡을 것이라고 여겼기 때문이다.

어느 마을에나 고르게 빛을 뿌리는 달처럼
도움이 되고 싶어요.
달빛 가려진 어느 마을에서든지
비록 권력가들이 떠들어 대고,
사람들이 더 이상 내 노래를 듣지 않는다 해도,
어느 길모퉁이에서 노래하는 사람이 나일지라도,
살아가고 꿈꾸는 데 도움이 되고 싶어요.
　　　　　- 쥘리앙 클레르, '도움이 되고 싶어요(Utile)'

　상송이 외부적 요인에 대해 개방적 성격을 가지면서도 긴 생명력을 가질 수 있었던 것은, 무엇이든 외부적 요인을 받아들여 동화시키는 프랑스의 전통적인 기질에서 연유한다 하겠다. 또한 상송을 보호하기 위한 프랑스 정부의 노력도 상송의 긴 생명력을 돕는 역할을 하였다.

　프랑스 정부는 일찍부터 노래가 만인의 언어로서 힘을 가지고 있다는 점을 인식하고 다양한 음악 축제와 전시회 등을 통해 상송을 나라 안팎으로 홍보하는 정책을 펼쳐오고 있는데, 매년 6월 21일에 열리는 음악 축제(Fête de la Musique)가 대표적이다. 오랜 역사를 지닌 프랑스 상송을 제한된 지면에서 이야기하는 것은 무리가 아닐 수 없다. 여기에서는 20세기의 상송 가수와 노래들을 통해 프랑스 사회를 살피는 것으로 만족하고자 한다.[3]

에디트 피아프

우리나라에서뿐만 아니라 전 세계적으로 가장 유명한 프랑 ·
스 샹송 가수를 꼽는다면 단연 에디트 피아프(1915~1963)일 것
이다. '샹송의 여왕'으로 불리는 그녀는 진정으로 거리의 가수
라 할 수 있다.

본명이 에디트 가시옹인 그녀는 1915년 12월 파리의 가난
한 노동자 구역인 벨빌에서 태어나 1963년 10월 눈을 감았다.
그녀는 불우한 어린 시절을 보냈는데, 어머니는 거리의 가수였
고 아버지 역시 길에서 묘기를 부렸다. 그녀는 1922년부터 아
버지를 따라 장터와 거리에서 당시 유행하던 노래를 부르면서
자신의 재주와 뛰어난 목소리를 알렸다.

스물한 살 되던 해, 그녀는 길에서 노래하다 우연히 어느 카

바레 사장의 눈에 띄어 혼자 노래할 기회를 갖게 되었다. 그녀는 '어린 참새(속으로 피아프는 참새를 가리킨다)'라는 별명을 얻게 되었고 곧 여러 음반사에서 그녀에게 계약을 제의해 왔다. 1936년 그녀는 첫 음반으로 큰 성공을 거두고, '아코디언 연주자(L'Accordéoniste)', '외인부대 병사(Mon légionnaire)' 등을 발표했다.

그녀는 연극과 영화에서 배우로도 활약을 했다. 또 그녀는 노랫말을 쓰기도 하면서 다양한 재능을 선보였다. 그녀는 400여 곡의 노래를 남겼는데, 그중 약 80여 곡의 노랫말을 직접 썼다. 그녀는 점점 '어린 참새' 피아프의 이미지를 벗고 당당한 스타인 '에디트 피아프'로 변신해 갔다. 1944년 그녀는 카바레 물랭루즈에서 공연을 하게 되었는데, 이때 이브 몽탕과 만나 사랑에 빠져 그의 후원자 겸 매니저 역할을 자청했다. 그와의 사랑을 노래한 것이 바로 '장밋빛 인생(La vie en rose)'이다.

1947년부터 그녀는 자신이 발굴한 '샹송의 친구들(Compagnons de la Chanson)'이라는 남성 그룹과 함께 미국 공연을 떠났고 그들이 함께 부른 '세 번의 종소리(Les trois cloches)'는 온 미국에 퍼졌다.

미국 공연 중 그녀는 권투 선수인 마르셀 세르당과 사랑을 하게 되지만, 1949년 10월 비행기 사고로 그가 죽으면서 이들의 사랑은 비극으로 끝났다. 그와의 사랑을 기억하며 그녀는 '사랑의 찬가(Hymne à l'amour)'를 만들었다. 그러나 그녀는 이 슬픔을 완전히 극복하지 못하고 점점 더 술과 마약에 빠져들었다.

하지만 미국 공연과 '사랑의 찬가', '파담 파담(Padam···
padam···)' 등의 대성공으로 그녀는 원기를 회복하였다. 1953년
이후 그녀는 샤를 아즈나부르 같은 신세대 작곡가들과도 손
을 잡았는데, 자신의 노래를 고르는 데 아주 까다로웠다. 또한
1956년 미국 카네기 홀 공연과 '파리의 하늘 아래(Sous le ciel
de Paris)', '군중(La foule)', '난 후회하지 않아(Non, je ne regrette
rien)' 등의 연이은 성공으로 '마담 피아프'는 무대 위에서 더욱
빛나고 있었다. 그러나 무대 뒤에서 그녀는 질병과 마약의 어둠
에 더 깊이 빠져들고 있었다.

1963년, 그녀는 47세로 숨을 거두었다. 교회에서는 그녀의
이혼 경력을 들어 장례식을 거부했지만, 페르 라셰즈 공동묘지
에서 거행된 장례식엔 수만 명의 인파가 몰렸다.

후대 사람들은 숭고하면서도 고통받는, 강하면서도 동시에
약한 이미지의 피아프를 그녀의 목소리와 더불어 오래 기억할
것이다. 그녀의 목소리는 누구에게나 깊은 감동을 일으킨다. 피
아프는 자신의 노래에 완벽하게 어울리는 제스처와 공연을 구
성하는 법을 알고 있었고, 검은색 드레스부터 살짝 드러난 십
자가 목걸이에 이르기까지 모든 것을 연출하는 데에 귀재로 평
가받았다.

그녀는 언제나 검은색 드레스를 고집했다. 자신의 삶처럼 가
난하고 불행한 삶을 노래하는 곡들에 화려한 옷이나 장식품은
어울리지 않는다고 여겼기 때문이었다. 또한 그녀는 오직 자신
의 목소리로만, 자신의 노래로만 평가받길 원했다.

우리나라에 알려진 그녀의 노래들은 주로 '사랑의 찬가', '난 후회하지 않아', '장밋빛 인생' 같은 사랑의 노래이다. 그러나 그녀의 노래는 가난하고 불행한 사람들의 슬픈 사랑 이야기가 대부분이다. 그녀는 이별하는 연인들, 평판이 나쁜 거리의 사람들, 선원, 창녀 등 이 세상에서 불행과 가난을 겪는 소외된 사람들을 노래했다. 그리고 소외된 사람들이 체념하면서 힘든 운명을 받아들이고, 반복되는 불행과 시련 속에서도 삶에 집착하는 희망 등을 노래했다. 1942년에 발표된 '아코디언 연주자'를 보자.

　　라바 거리 귀퉁이에서 몸을 파는 그녀는 아름다워.
　　고객들이 양말에 돈을 잔뜩 넣어 주지.
　　일이 끝나면 이번엔 그녀가 꿈을 찾아가지.
　　교외 무도회장으로.
　　그는 예술가야. 키가 작은 아코디언 연주가지.
　　자바를 연주해.

　　그녀는 자바를 들을 뿐 춤을 추진 않아.
　　춤추는 무대엔 눈길조차 주지 않아.
　　사랑에 빠진 그녀의 두 눈은
　　연주자의 길고 마른 손가락을 따라가네.
　　음악은 살갗으로 그녀 내부로 들어오네.
　　치마 속으로, 머리 안으로, 온몸으로.

라바 거리 귀퉁이에서 몸을 파는 그녀는 슬퍼.

아코디언 연주자가 병사로 떠나 버렸어.

그가 전쟁에서 돌아오면 가게를 열 거야.

그녀가 돈을 받고 그는 주인이 되겠지.

인생은 아름답고 그들은 편안한 삶을 살겠지.

저녁마다 그녀를 위해 그는 자바를 연주하겠지.

라바 거리 귀퉁이에 그녀는 홀로 서 있네.

슬픈 표정의 창녀들을 남자들은 더 이상 찾아오질 않지.

그 남자는 더 이상 돌아오지 않을 거야.

아름다운 꿈이여 안녕, 그녀의 삶은 이제 끝장났어.

무거운 다리를 끌고서 그녀는

자기도 모르게 싸구려 술집으로 향하네.

거기에선 다른 아코디언 연주자가 밤새 연주하지.

자바를 유심히 들으며…… 그녀는 눈을 감았어.

……마르고 예민한 손가락……

살갗으로, 그녀 내부로 들어오고

치마 안으로, 머리 안으로, 온몸으로.

그녀는 울고 싶어져 잊기 위해 춤추기 시작해.

빙빙 도는 거야, 음악 소리에 맞춰……

이 노래는 사실주의 샹송, 즉 샹송 레알리스트(La chanson réaliste)의 좋은 보기이다. 사실주의 샹송은 19세기 말부터 도시 변두리의 젊은이들이 아리스티드 브뤼앙을 즐겨 부르며 힘을 얻었다. 이런 노래는 쉽사리 멜로드라마 풍으로 빠져들었으며, 주인공들도 창녀, 식민지 군인, 바람둥이 들이었다.

사실주의 샹송은 사회적 샹송이라는 더 큰 흐름에 속한다. 사회적 샹송은 영국에서 시작된 산업혁명의 영향으로 프랑스를 비롯한 유럽 전역에 공장들이 들어서고 자본주의가 도입되면서 생겨난 계층 간의 갈등을 노래하는 데서 탄생되었다고 볼 수 있다.

사람들은 농촌을 떠나 도시로 몰려들었고, 도시 노동자들은 한 달 동안 일해서 받은 임금으로는 가족을 부양하지 못했다. 사회는 자신의 노동력으로 먹고 사는 노동자 계층과 이들의 노동력을 이용해서 막대한 부를 축적하는 부르주아 계층으로 점차 양분되었다. 노동자들이 겪는 빈곤의 가장 큰 피해자는 여자와 어린이들이라고 하겠다. 배운 것도 없고 가진 것도 없는 여자들이 돈을 벌 수 있는 가장 현실적인 방법은 몸을 파는 것이었다.

프랑스에서 사회적 샹송은 이런 여자들의 상황을 중심으로 사회에 새롭게 대두된 문제들과 사회 구조를 노래한 19세기 피에르 장 드 베랑제의 '6층 건물(Les cinq étages)'에서 시작되었다고 볼 수 있다. 이어 브뤼앙의 '벨빌 메닐몽탕(Belleville-Ménilmontant)'에서 새로운 노동자 계층의 힘든 삶과 사회를 고발하는 노래로 이어지고, 1970년대부터 사회의 다양한 문제들을 소재로 노래하면서 더욱 발전하게 되었다.

샤를 트레네

에디트 피아프처럼 이 시기에 나타났으며, 지금까지 프랑스 상송에 커다란 영향을 끼친 이가 바로 샤를 트레네(1913~2001)이다. 물론 두 사람은 노래 스타일이나 음악의 취향이 매우 달랐다. 트레네는 프랑스 남쪽 페르피냥에서 자랐고 13세 때부터 글을 쓰는 데 관심을 갖게 되었다.

파리 몽파르나스에서 자유로운 시간을 보내던 그는 재즈 클럽에서 듀오로 활동을 시작했는데, 미국 코미디 뮤지컬, 스윙, 재즈 등의 장르, 특히 거슈인의 작품에서 음악적 영감을 받았다. '나는 노래해(Je chante)'로 홀로 무대에 선 그는 폭발적인 인기를 누렸다. 그 후 '마법의 길(La route enchantée)', '내 마음이 쿵쾅!(Boum!)'처럼 부드럽고 달콤한 노래들이 줄을 이었다.

그는 음반 대상을 수상하였고 '바다(La mer)', '감상(感想, Fleur bleue)' 등 500여 곡의 노래를 불렀는데, 그의 노래는 그전의 노래와는 전적으로 다른 새로운 표현의 노래였다.

그는 샹송의 시적인 차원을 고양시켰다는 평가를 받는다. 통통한 볼, 금발, 생기 있는 눈, 뒤로 젖혀 쓴 모자……. 그 세대는 그의 노래처럼 '즐거웠'다. '노래하는 미치광이'라는 별명을 얻었던 트레네는 그 시대의 젊음과 즐거움의 상징이었다. 그의 젊은 나이 때문만이 아니고 그가 부르는 노래의 주제 때문이기도 했다.

트레네는 한 시대의 집단적 감수성을 노래한 대표적인 가수이다. 사회적인 견지에서 또 심리학적 견지에서 트레네를 그 시대에, '인민전선'에 연결시킬 수 있다. 그의 단순하면서도 감미로운 가사와 멜로디의 노래를 듣노라면 누구든지 그와 함께 노래하고 춤추고 싶어질 것이다. 노래가 그 자체로 좋다고 해서 반드시 성공을 얻는 것은 아니다. 노래와 어울리는 시대적 상황이나 사회적 분위기가 중요한데, '나는 노래해'나 '즐거워(Y a d'la joie)'가 이런 두 요소가 조화를 이룬 좋은 예이다. '즐거워'는 생기 가득한 스윙 풍의 리듬과, 삶에 대한 긍정적인 자세와 삶의 즐거움을 나타내는 가사가 잘 어울린다.

이 시기에 프랑스 인들은 노동 시간이 일주일에 40시간으로 단축되고 처음으로 유급 휴가를 받게 되면서 여유를 누렸다. 수만 명의 노동자들이 산으로 바다로 시골로 떠났고 자전거의 즐거움을 알게 되었다. 이 모든 것은 1936년 인민전선(프롱 포퓔레르, Le Front Populaire)의 사회 정책으로 가능하게 되었던 것이다.[4] 이제 바캉스는 사회적인 현상이 되었고 모두 '즐거워'를 노래했다.

프롱 포퓔레르의 동포애가 자아내는 환희의 분위기는 사회 전체에 영향을 미쳤고 사람들은 어디에서건 노래를 불렀다. 파업 중인 노동자들은 점거한 공장에서 노래를 듣고 불렀다. 사람들은 유급 휴가 중에 혹은 교외 술집에서 합창으로 노래를 흥얼거렸다. 당시 국가는 저렴한 가격으로 잠자리를 제공하는 일종의 유스호스텔을 세우기 시작했고, 투숙한 사람들은 밤을 지새우며 함께 노래했다.

제2차 세계대전이 터질 위험이 점점 구체화되었지만 제1차 세계대전 때처럼 군국주의의 열기에 휩싸여 사회주의적 노래가 퍼지지는 않았다. 사람들은 국경에서 전해 오는 위협을 무시하고서 대신 각자 노래를 부르며 즐겼다. 또 젊은이들은 삶의 행복을 말하는 트레네에게서 자신들의 모습을 확인하고 싶어 했다. 레옹 블룸 정부는 노래가 국민의 여론을 이끌 수 있는 우선적인 수단이라 생각하고 라디오 프로그램의 절반을 샹송에 할애하도록 강요했다. 월요일마다 라디오 노래(샹송) 자랑 프로그램도 있었다.

이처럼 시대 상황과 긴밀한 그의 노래는 1940년대와도 깊은 관련을 갖는다. 1939년 9월 1일 독일군은 폴란드를 침공했고, 9월 3일 영국과 프랑스는 독일에 전쟁을 선포하였다. 이로써 제2차 세계대전이 시작되었다. "우리는 승리할 것이다. 우리가 가장 강하니까."라는 노래에서 알 수 있듯이 프랑스는 승리를 낙관하는 분위기였다. 그러나 1940년 프랑스의 패배와 독일군의 침입으로 이런 환상은 순식간에 깨졌다. 페탱 장군이 비시에 독일 히틀러 정권에 협력하는 임시 정부를 설립하였다. 비시 정부는 1940년부터 1944년까지 지속되었다. 그러자 비시 정권을 옹호하는 노래들이 나오기 시작했다.

그러나 이런 노래들만 유행한 것은 아니다. 이 시기는 그 어느 때보다 더 샹송이 온 나라의 꿈과 희망을 노래하던 시대였다. 음울한 나치 독일 점령 기간 동안 샹송의 창조성이나 시간을 초월하는 특성은 조금도 흐려지지 않았던 것이다. '결핍의 날들(Les jours sans)', '암시장(Le marché tose)'처럼 사람들은 일상의 어려움이나 결핍감 등을 조롱거리로 삼으며 노래했다. 그리고 여전히 프랑스 샹송은 사랑을, 정확히 말하면 삶의 절망과 사랑의 슬픔을 노래했다.

트레네의 유명한 '우리의 사랑에 무엇이 남아 있을까?(Que reste-t-il de nos amours?)'는 이 시대의 음악적 분위기를 잘 드러내고 있다. 느린 템포와 절제된 반주, 어두운 목소리는 향수를 자극하고 아련한 안개를 떠올리게 하는데, 이런 것들은 모두 잃어버린 사랑을 환기시켰다. 어떤 순간이든지 분명하게 단어를 드러내어 말하진 않지만 이 노래들은 전쟁의 비극에 관한 모든 것을 말하고 있다.

오늘 밤 내 문을 두드리는 바람 소리에

흘러간 사랑이 다시 떠오른다.

꺼져 가는 불꽃 앞에서

가을의 노래가 가늘게 흐느끼며 집 안을 가득 채운다.

나는 아득한 지난날 생각에 잠긴다.

우리의 사랑에 무엇이 남아 있을까.

사진 한 장, 내 젊은 시절의 낡은 사진 한 장

달콤한 사랑의 편지에서, 4월에서, 그 많은 만남에서

무엇이 남아 있을까.

끊임없이 나를 따라다니는 추억뿐.

  물론 당시의 샹송이 전부 이별을 다룬 것은 아니고, 저항을
다룬 노래도 있었다. 처음부터 나치 독일에 저항했던 조세핀
베이커를 제외하면, 외국, 특히 런던에서 나치 독일에 대한 저
항이 노래를 통해 이루어졌다. 독일군이 파리를 점령하자마자
영국으로 건너간 샤를 드골 장군을 주축으로 나치 독일에 대
항하는 움직임, 즉 레지스탕스 운동이 펼쳐졌다.

  트레네가 부른 '다정한 프랑스(Douce France)' 역시 독일군
의 검열에 밉보였다. 애국주의를 고취하고 저항 정신을 은폐한
다는 의혹을 샀던 것이다. 이 노래에는 나치 독일의 엄격한 통
제하에서 조국인 프랑스의 따뜻함을 그리워하는 애틋함이 그
대로 드러나 있다.

  초등학교 시절의 때 묻은 옷을 바라보노라니

친근한 추억이 떠오르네.

학교 가는 길에, 목청을 다해 노래하곤 했었지.

무언의 감상적인 노래를, 예부터 전해 오는 노래를.

애정이 깃든 평온함으로 달래 주었던

어린 시절의 소중한 나라,

다정한 프랑스, 널 마음속에 간직하고 있어.

종루가 있고 현자들이 살았던 마을,

또래 아이들과 함께 행복을 나누었지.

너를 사랑해, 그러기에 이 시를 바치는 거야.

널 사랑해, 괴로울 때나 기쁠 때나.

애정이 깃든 평온함으로 달래 주었던

내 어린 시절의 소중한 나라,

다정한 프랑스, 넌 내 마음속에 남아 있어.

이 노래는 지금까지 프랑스가 프랑스 인에게뿐만 아니라 다른 나라 사람들에게도 마음의 고향 같은 '다정한' 나라라는 이미지를 형성하는 데 한몫을 하고 있다.

프랑스는 사회적·문화적으로 다른 많은 나라보다 앞서 있을 뿐만 아니라 정치적 망명에 있어서도 상대적으로 열린 나라로 인식되고 있다. 1960년대 박정희 군사 독재 정치 시절 파리로 해외 근무를 떠났다가 한국에 돌아오지 못하게 된 홍세화를 받아 준 나라도 프랑스이다. 그의 책 『나는 빠리의 택시 운전사』에서는 프랑스의 '다정한' 이미지를 '톨레랑스(la tolérance,

관용)' 정신으로 이야기하고 있다.

독일군의 지배에 프랑스인들은 이내 저항하기 시작했다. 나치 독일군은 미국에서 만든 모든 것을 금지했고 퇴폐적이라는 이유로 재즈 연주를 금지했을 뿐 아니라 춤도 추지 못하게 했다. 그러나 독일에 대한 본격적인 저항의 노래는 재즈를 통해, 더 정확히 말하면 스윙을 통해 이루어졌다.

1930년대 중반 미국에서 유행하기 시작한 스윙은 몸을 좌우로 흔들며 춤추는 음악을 지칭하였다. 그리고 자주(les zazous)가 있다. 제2차 세계대전 무렵, 재즈 음악을, 특히 스윙을 즐겼던 젊은이들을 '자주'라고 불렀다. 독일 점령군은 미국 음악을, 특히 재즈를 좋아하지 않았고, 자주 역시 탄압하였다. 독일 점령 기간 중에 스윙을 노래한다는 것은 독일군의 질서에 어느 정도 저항하는 것을 의미하였으며, 자주에게 스윙은 특히 저항의 표현이었다.

자주들은 1930~1940년대에 스윙 리듬과 열정적인 춤 그리고 영미 스타일의 복장으로 자신들을 차별화했다. 그들은 주로 긴 머리, 폭이 넓은 바지, 목이 높게 올라오는 영국식 셔츠와 체크무늬의 긴 상의를 입었고, 언제나 우산을 가지고 다녔다. 전쟁 중이라 생활필수품이 배급되던 시절에 이들은 긴 상의를 고집했고, 머리카락으로 실내화를 만들기 위해 내려진 단발령에 반발해서 장발을 고수했다. 또한 나치 정권이 유대인에게 노란색 별 표지를 달게 하자 자주들도 가슴에 '자주'라고 새겨진 노란색 별을 달고 다녔다.

부르주아와 도시 출신인 자주들은 수가 많지 않았고 그 자체로 무슨 세력이나 운동을 형성하지도 않았다. 그러나 그들의 도발적인 태도 때문에 비시 정권은 이들을 주목하게 됐다. 비시 정권은 그들을 퇴폐주의자들이고 유대인에게 동조하는 자들이며 따라서 공공질서에 위험한 존재로 간주했다.

비시 정권의 자주 탄압을 1970년대 박정희 정권이 장발에 통기타를 든 청년들을 단속했던 것과 비교할 수 있다. 특히 김민기, 한대수 같은 포크 가수들과 새로운 록 음악을 시도한 신중현, 김추자 등을 탄압한 것은 정치와 노래의 불편한 관계를 나타내는 대표적인 예이다.

이러한 관계는 프랑스의 역사 속에서도 그 예를 찾아볼 수 있다. 1395년에 내려진 샹송 금지령은 1498년에야 해제되었다. 샹송 금지령이 내려진 이유는 중세의 트루베르들이 1392년 샤를 6세가 광기에 빠졌다는 불행한 사실을 노래로 퍼뜨리는 것을 방지하기 위해서였을 것이다. 자그마치 13년간이나 상송을 금지했다는 이 사실은 신문, TV 같은 대중매체가 존재하지 않던 시절에 노래가 얼마나 사람들에게 강한 영향을 미쳤는가를 알려준다.

그러나 노래가 늘 정치적으로 불편한 역할만을 하는 것은 아니다. 우리나라에서도 집회 때, 또는 선거 때 대중가요 등을 개사해서 부르는 일은 이제 흔히 찾아볼 수 있는 일이다. 이제는 정치가 노래가 가진 대중적 전파력을 이용하는 시대가 된 것이다.

트레네가 국제적인 명성을 얻게 된 것은 그의 노래 '바다' 덕분이라고 할 수 있다. 이 노래는 1943년 트레네가 지중해 해안을 달리는 기차에서 20여 분 만에 만들었다고 한다. 1946년 그는 '바다'를 불렀고 곧 엄청난 성공을 거두었다. 잔잔하면서도 푸른빛 감도는 지중해가 눈앞에 펼쳐지는 듯한 이 노래는 여러 편의 영화에서 사용되었는데 〈안전지대(A Safe Place)〉(1971) 〈L.A. 스토리〉(1991) 〈프렌치 키스〉(1995) 〈비욘드 더 씨〉(2004) 등이 좋은 예이다. 또한 최근에는 미국 TV 시리즈 〈로스트〉의 열두 번째 이야기 '의문의 손가방(Whatever the Case May Be)'에서 등장인물 루소가 가사를 쓰고 섀넌이 프랑스 어로 불렀던 노래가 바로 '바다'이다.

아나톨인(l'Anatole) 이 노래는 10여 개의 언어로 번역되어 불리고 있으며, 전 세계적으로 400명이 넘는 가수들이 부른 것으로 알려져 있다. 영어판 노래로는 1960년 보비 다린이 부른 '비욘드 더 씨(Beyond the Sea)'가 유명한데, 2003년 애니메이션 〈니모를 찾아서〉와 2007년 영화 〈미스터 빈의 홀리데이〉에서도 이 노래를 들을 수 있다.

'바다'는 아나톨이란 기법에 의해 작곡되었는데, 이는 악기 연주자가 그때그때의 영감에 따라 즉흥 연주를 하면서 도, 라, 파, 솔의 네 화음을 끊임없이 되풀이하는 매우 단순한 화성의 음악을 말한다. 이 외에도 다수의 샹송이 이러한 원리에 근거하여 작곡되었다.

이브 몽탕과 전통 상송의 부활

이브 몽탕(1921~1991)을 생각하면 여러 가지 모습이 동시에 떠오른다. 그는 배우이자 가수이고 투사였다. 본명이 이보 리비인 그는 이탈리아의 가난한 가정에서 태어났다. 몽탕의 가족은 그가 두 살 때 이탈리아의 파시즘(1922년 수립된 무솔리니의 독재적 전체주의 정치 체제)을 피해 프랑스 남쪽 항구 도시인 마르세유로 이주했다.

1932년 어린 이브는 경제적인 어려움으로 누나의 미용실에서 일하게 되었다. 미용 일에는 큰 관심이 없던 그는 낮에는 미용실에서 일하고 밤에는 살롱에서 노래를 했다. 1938년 동네의 카페 콩세르(Café-concert : 오늘날 음악다방 같은 곳)에서 노래하게 되면서 이름을 이브 몽탕으로 바꾸었다. 한동안 마르세유에서 가장 유명했던 '알카자르' 무대에 서기 위해 그는 다른 사람의 노래를 모창하는 것을 관두고 작곡가와 손을 잡고 자신의 곡을 부르기 시작했다. 그는 미국 웨스턴 풍의 노래를 선택했으며, 이때 '서부 황야에서(Dans les plaines du far west)'가 나왔다.

제2차 세계대전이 터지자 그는 독일군을 피해 파리로 떠났다. 그는 서는 무대마다 환호를 받았고 물랭 루즈에서 에디트 피아프의 1부 공연을 맡기로 했다. 거기에서 두 사람은 서로 첫눈에 반했다. 이후 피아프는 몽탕에게 무대에서 필요한 모든 것을 하나씩 가르쳐 주었다. 이 시기에 '루나 공원(Luna park)' 등이 발표되었다.

피아프와 함께 영화 〈밤의 문(Les Portes de la Nuit)〉에 출연했지만 영화는 실패했고 피아프도 그를 떠났다. 그러나 이 영화에 삽입된 '고엽(Les feuilles mortes)'은 후일 불후의 명곡이되었다. 이 노래로 그는 세계적인 명성을 얻게 되고, '고엽'은 1949년 '어텀 리브스(Autumn Leaves)'라는 제목으로 불리며 많은 영미권 가수들의 애창곡이 된다. 이 노래는 1946년에 몽탕의 친구이자 시인인 자크 프레베르의 시에 조제프 코스마가 곡을 붙인 것이다.

이 노래는 재즈 음악의 표본으로 자리 잡았으며 살사 버전과 그레이스 존스가 부른 디스코 버전 등 다양한 스타일로도 불렸다. 현재까지 600명이 넘는 다양한 국적과 언어의 가수들이 이 노래의 매력에 빠져들었다. 이들 중 몇 명을 거론하자면

냇 킹 콜, 마일즈 데이비스, 키스 재럿, 스테판 그래펠리, 스탠 게츠 등과 프랑스어권에서는 쥘리에트 그레코, 에디트 피아프, 코라 보케르 등을 들 수 있다. 1956년 영화 〈고엽〉에는 냇 킹 콜의 노래가 삽입되었다. 세르주 갱스부르는 후일 이 노래에 대한 존경의 표시로 '프레베르의 샹송(La chanson de Prévert)'을 만들기도 했다.

1949년 8월 몽탕은 배우인 시몬 시뇨레를 만나 1951년 결혼에 이른다. 시뇨레와의 만남은 그를 여러모로 변화시켰는데, 정치에 관심을 갖게 되어 프랑스 공산당에 동조한 것도 변화 중 하나이다. 영화와 노래에서 맹활약을 하던 그는 1959년 드디어 미국행을 단행하였고 대성공을 거두고 마릴린 먼로와 영화를 함께 찍으면서 둘 사이에 염문이 떠돌기도 했다.

그는 1968년 공산주의와 단절을 선언한 이후 1980년대에 들어서면서는 인권 운동에 관심을 갖게 됐고, 1981년 폴란드의 반공산주의 노동자 단체와 그 지도자인 레흐 바웬사를 위해 투쟁에 참여하였다. 그는 정치에 관심을 가졌으나 결코 정치인은 아니었고, 평화 운동가였다.

1960년대 이후 몽탕은 영화에 더 많은 비중을 두긴 했지만 배우와 가수, 평화 운동가로서의 역할을 조화롭게 이어갔다. 그러나 1985년 9월 그의 아내 시뇨레가 죽자 모든 것이 달라졌다. 그는 더 이상 노래하지 않았다. 또한 공산주의에 대한 실망과 좌절을 경험한 사람들에게 강연을 하는 한편 영화와 TV를 오가며 분주한 시간을 보내다가 1991년 11월 영화 촬영 도중

숨을 거두었다.

몽탕은 노동자 출신이고 그는 그 사실이 자랑스럽다고 했다. 그의 노래에서 주인공은 주로 노동자 계층이다. 당시 노동자들은 전쟁 후 파괴된 프랑스를 재건하는 힘든 업무에도 불구하고 새로운 사회 제도 덕분에 전보다 나은 혜택을 받는 계층이 되었다. 그가 노래한 '루나 공원'은 공장에서 일을 마친 후 친구들과 즐기러 나오는 청년의 기쁨과 슬픔을 그리고 있다.

그는 무대에서는 단순하고 생기발랄하고 온화한 스타일을 추구했다. 그는 1945년 '에투알'에서의 첫 번째 리사이틀에서 넥타이와 양복 상의 없이 바지와 밤색 셔츠의 단순한 차림으로 목 단추를 풀어헤친 채 관객들 앞에 섰다. 이런 노래와 그의 모습이 그 시대의 구미와 맞아 떨어졌다. 이제 모자, 양복, 넥타이를 갖춘 트레네 풍의 멋쟁이 댄디 스타일은 대로에서 산책을 즐기는 선반공 같은 프롤레타리아 층의 몽탕 풍 스타일로 바뀌었다. 그는 새로운 무대 룩을 창조한 것이다. '루나 공원'처럼 '대로(大路, Les grands boulevards)'도 노동자들의 소박한 행복을 노래하고 있다.

> 난 시트로엥 자동차 회사에서 선반공으로 일하고 있지.
> 일주일 내내 기분 전환을 위해 돈을 쓸 순 없어.
> 그래서 무료이면서 즐겨 하는 오락거리가 있어.
> 난 대로에서 돌아다니는 걸 좋아해.
> 거기엔 볼 게 너무 많거든.

거기엔 희망의 날도,

사람들이 거리로 뛰쳐나오는 분노의 날도 있지.

거기엔 파리의 심장이 뛰고 있어.

언제나 열렬한, 때로는 비판하는 심장이.

노래와 더불어, 파리의 외침과 역사의 중요한 순간들이

거리 군데군데 적혀 있어.

난 대로에서 돌아다니는 걸 좋아해.

여름 저녁, 모두가 늦게 잠들고 싶은 날

천사의 두 눈을 볼 행운을 잡을 수 있어.

그러곤 나의 허름한 호텔로 돌아오지.

내 방의 창문을 통해 하늘 한구석이 보이지.

그 창문을 통해 마치 부름처럼 내게 들려오네.

거리의, 마법 같은 세상의 모든 빛들과 소리들이.

트레네에 이어 몽탕에 대한 전 국민적 열광은 전쟁으로 더욱 성숙해졌고, 해방과 더불어 새로운 환상으로 더욱 생기를 띠었다. 한 가수에게 특별한 사회적인 중요성을 부여하는 것이 간단한 일은 아니지만, 트레네와 인민전선의 경우와 마찬가지로, 이브 몽탕이라는 한 사람을 통해 전쟁 이후 시대의 사회상을 살펴볼 수 있다.

트레네처럼 시를 쓰거나 작곡을 하지는 않았지만 이브 몽탕은 그에게 맞는 작품을 식별해서 선택할 줄 알았다. 그는 보통 사람들의 삶, 일상적인 모습들, 도시의 센티멘탈리즘, 우정,

동포애, 이런 것들을 일관되게 노래했고, 이런 그의 노래들은 전 세계에서 불렸다. 몽탕은 또한 프랑스 전통 노래 부흥과 시에 관심이 많았다. 프레베르와 아폴리네르와 같은 시인들의 시를 노래하였고 〈프랑스의 전통 가요(Chansons Populaires de France)〉라는 음반을 취입하면서 상송의 전통 유지에 한몫을 했다.

그는 사회 전반적인 문제에 관심이 많았다. 특히 전쟁의 슬픔을 말하는 '바바라(Barbara)'에서 반전 운동 주도 등의 참여 가수로서 투사로서 그의 면모가 그대로 드러난다. 역시 프레베르의 시에 코스마가 곡을 붙인 '바바라'를 보자.

바바라, 기억하니, 그날 브레스트엔 비가 오고 있었지.
넌 내리는 빗물 속에서 미소를 띤 채, 환하게, 눈부시게,
비에 젖은 채 걷고 있었지.
브레스트엔 비가 내리고 있었어.
샴 거리에서 널 우연히 만났지.
넌 웃고 있었어. 나도 미소로 답했는데
난 널 알지 못했고 너 역시 날 알지 못하지.
그렇지만 기억하니? 그날을 잊지 말아 줘.

어느 현관 아래 한 남자가 비를 피해 있었지.
그는 네 이름을 불렀어, 바바라라고.
비에 젖어, 행복하게, 눈부시게 아름다운 넌

비를 맞으며 달려가 그의 팔에 안겼지.
내가 '너'라고 지칭한 것을 원망하진 말아 줘.
난 내가 좋아하는 모든 사람을 '너'라고 칭하지.
설령 단 한번 밖에 보지 않았더라도.

바바라, 기억하니. 잊지 말아 줘.
바다 위로 내리는 이 비, 너의 행복한 얼굴 위로
이 행복한 도시 위로, 바다 위로 내리는 이 비
병기창 위로, 우에상 섬의 전함 위로 내리는 비.
바바라, 전쟁은 얼마나 바보짓인가.
넌 지금 어떻게 변해 있을까.
이 비처럼 쏟아지는 총알 속에서
피로 얼룩진 포탄 속에서
사랑스러운 모습으로 널 안아 주던 그 남자는
이젠 죽었을까 사라졌을까 아직도 살아 있을까, 바바라.

작사-작곡-가수 세대와 자크 브렐

1950년대는 무엇보다도 LP레코드가 등장하면서 새로운 음반 기술의 혜택을 입은 재능 있는 작사가 겸 작곡가들의 세대이다. 바야흐로 '작사-작곡-가수' 세대가 도래한 것이다. 이들은 전적으로 혼자서 노랫말을 쓰고, 곡을 만들고, 기타 반주에 맞춰 노래를 했다.

1953~1954년에 네 명의 대(大)가수들이 출현했는데, 자크 브렐, 조르주 브라상, 질베르 베코, 샤를 아즈나부르가 이들이다. 대중은 트레네처럼 자기 자신의 작품을 직접 노래하는 현상을 점점 자연스럽게 받아들였다. 조르주 브라상, 자크 브렐, 기 베아르 같은 가수들은 기타를 가지고 다니면서 직접 연주했고, 레오 페레, 질베르 베코, 바바라 등은 피아노를 연주하며

노래했다. 특히 기타는 많은 가수들에게 노래를 반주하는 부수적인 역할에 그치지 않고 그 자체 연주만으로도 좋은 음악의 역할을 할 뿐 아니라 샹송의 가치를 보전하는 훌륭한 보조자로 부각되었다.

시간과 더불어 대중의 취향은 변화한다. 과거에 관객들은 가수에게 에디트 피아프처럼 아름다운 목소리만을 원했고 샹송의 미학적 가치는 거의 중요시하지 않았다. 20세기 초 카페 콩세르와 뮤직홀 시대에 가수들은 무용수나 희극 배우, 오페라 가수 등 여러 다양한 장르의 예술가들과 함께 공연을 해야 했다.

그러나 1950년대가 되면서, 가수들의 상황은 달라졌다. 새 세대의 가수들에게는 상황이 달라졌다. 노래가 공연 프로그램 중 부차적인 역할에서 주인공으로 발전함과 더불어 새 세대 가수들의 위상도 발전해 갔고, 노래의 소재, 주제, 장르 등도 다양해졌다. 이들은 노랫말을 만들고 거기에 곡을 붙이며 노래까지 부르는 세대인 것이다.

이들 작사-작곡-가수들은 전문화된 음악 작업실에서 진부함을 거부하며 노래의 질적 향상을 가져왔고 나름대로 자신의 색깔을 드러냈다. 작사-작곡-가수 세대 덕분에 샹송은 다른 예술 장르와 마찬가지로 개인의 표현 방식으로 확실하게 자리 잡게 되었다. 작사-작곡-가수는 혼자서 자신의 작품을 개성 있게 만들고 차별화했다. 이제 작품은 곧 작품을 만들고 노래하는 가수와 동일하게 여겨졌다.

자크 브렐(1929~1978)은 벨기에에서도 프랑스 어를 사용하는 플랑드르 지방에서 태어났고 본격적으로 활동을 시작한 이후 거의 대부분을 파리에서 살았다. 그는 대부분의 가사를 프랑스 어로 썼으며 프랑스에서뿐만 아니라 프랑스 어권 국가에서 가장 훌륭한 작가 중 한 사람으로 인정받고 있다. 그러나 그는 언제나 "나는 플랑드르 사람이다."라고 자랑스럽게 말하곤 했다. 또한 '고원(Le plat pays)', '마리에케(Marieke)', '아버지가 말씀하셨듯이(Mon père disait)'처럼 자신이 태어난 고향에 관한 애정 어린 노래들을 발표했다.

그러나 다른 한편으론 '플랑드르 여인들(Les Flamandes)'처럼 플랑드르 지방의 전통을 우스꽝스럽게 노래하며 비판해서 오해를 받기도 했다. '플랑드르 여인들'은 위선과 모든 중압감에 대한 비판을 노래하고 있다.

> 플랑드르 여인들이 말 없이 춤을 춥니다.
> 종이 울리는 일요일에 아무 말 없이.
> 플랑드르 여인들은 말이 많지 않아요.
> 그녀들이 춤을 추는 것은 스무 살이 되었기 때문입니다.
> 스무 살이 되면 여자는 약혼을 해야 해요.
> 결혼하기 위해서 약혼을 해야 하고
> 결혼해서 아이들도 낳아야 합니다.
> 부모들이 그녀들에게 일러 준 사실이지요.
> 교회지기, 추기경 그리고 수녀원에서 설교하는 대주교들
> 이 일러 준 것이지요.

그래서 그녀들은 춤을 춥니다.

플랑드르 여인들이 열정 없이 춤을 춥니다.

종이 울리는 일요일에 건성으로.

플랑드르 여인들은 열정이 없어요.

그녀들이 춤을 추는 이유는 서른 살이 되었기 때문입니다.

서른 살은 보여 주어야 할 좋은 시기이니까요.

아이들이 잘 자라고, 들판에 곡식도 잘 자라고

모든 것이 잘 되어간다는 것을 보여야 하니까요.

플랑드르 여인들이 웃지도 않고 춤을 춥니다.

종이 울리는 일요일에 웃지도 않고

플랑드르 여인들은 웃지를 않아요.

그녀들이 춤을 추는 이유는 일흔 살이 되었기 때문입니다.

일흔 살은 보여 주어야 할 좋은 시기이니까요.

손자들이 잘 자라고, 들판에 곡식도 잘 자란다는 것을.

부모들이 그랬듯이 검은 옷으로 차려입고서

교회지기, 추기경 그리고 수도원에서 말을 더듬고 있는 대
주교처럼.

그녀들은 전통으로 이어받았어요. 그래서 춤을 춥니다.

플랑드르 여인들은 힘이 넘치게 춤을 춥니다.

종이 울리는 일요일에 힘이 넘치게.

플랑드르 여인들은 약해지지 않아요.

그녀들이 춤을 추는 이유는 백 살이 되었기 때문입니다.

백 살에는 보여 주어야 합니다.

여전히 다리가 튼튼하고, 들판에 좋은 곡식도 잘 자라 있음을.

그녀들은 곧 부모님을 뵈러 갈 것입니다.

교회지기, 추기경 그리고 수도원에 묻혀 있는 대주교처럼.

그래서 마지막으로 그녀들은 춤을 춥니다.

브뤼셀의 작은 술집에서 노래하던 그는 1953년 겨울 파리로 오게 되었다. '고원', '암스테르담(Amsterdam)'을 노래한 그에게 1950년대는 실패와 경멸의 시대였고 성공의 길은 멀었다. 카바레에서 그가 노래할 때 사람들은 냉담했고, 촌스럽고 신들린 듯한 그의 태도를 비웃었다. 그러나 1958년 12월 '올랭피아'에서 성황리에 공연을 마친 그는 스타로서 자리매김하였다.

그는 1959년 '떠나지 마세요(Ne mer quitte pas)'를, 1962년에 '부르주아 계층(Les bourgeois)'을 발표했다. 그 후 몇 차례 올랭피아에서 공연을 한 후 서른 살의 나이에 뮤직홀에서 돌연 은퇴를 선언했다. 그러던 어느 날 뉴욕에서 〈맨 오브 라만차(The Man of La Mancha)〉라는 희극 뮤지컬을 보고 이를 프랑스 어로 각색하려는 결심을 하면서 그의 또 다른 삶이 시작되었다. 그는 〈벵자멩 삼촌(Mon Oncle Benjamin)〉을 비롯한 10여 편의 영화에 참여하거나 직접 출연하기도 했다.

1975년 첫 번째 암 수술 후 그는 아내와 함께 대서양에서

폴리네시아에 이르는 긴 항해에 나섰다. 그 후 자신의 마지막 앨범 작업을 위해 유럽으로 돌아온 그는 파리의 한 병원에서 암으로 생을 마감하였다.

브렐은 타고난 재능의 멜로디스트(음악의 선율이 아름다운 작곡가)이며 예민하면서도 신랄한 작사가였고 무대에서 과장스럽고 신들린 듯한 태도로 다양한 소재를 노래했다. 때로 코미디언과 같은 재미있는 제스처와 플랑드르 방언이 섞여 나오는 익살스러운 목소리를 가진 그는 진정한 배우이자 가수였다.

'떠나지 마세요'는 브렐의 노래 중에서 가장 큰 대중적인 성공과 세계적인 명성을 얻은 곡일 것이다. 모트 슈만에 의해 미국에 소개된 이 노래를 '이프 유 고 어웨이(If You Go Away)'라는 제목으로 니나 시몬이 불렀고, 그 후 프랭크 시나트라, 엘비스 프레슬리, 브렌다 리를 비롯한 많은 가수들이 불렀다. 이 노래는 현재 22개 언어로 불리고 있으며 약 400여 장의 음반이 나와 있다. 영국의 스팅은 프랑스 어로 이 노래를 취입했으며 콜롬비아 출신의 살사 가수 유리 부에나벤투라는 프랑스 어와 스페인 어로 이 노래를 녹음했다.

이외에 그의 다른 노래들도 미국과 영국에서 대성공을 거두었다. 영국의 데이비드 보위가 '암스테르담'을 '인 더 포트 오브 암스테르담(In the Port of Amsterdam)'으로 바꾸어 노래했고, 스콧 워커와 그룹 굿바이 미스터 매켄지 등이 영어로 그의 노래 여러 곡을 불렀다.

작사-작곡-가수, 즉 싱어송 라이터의 출현과 더불어 1950년대의 중요한 또 다른 사건은 생제르맹데프레의 황금시대와 쥘리에트 그레코로 대표되는 문학적 상송의 부활이다. 제2차 세계대전이 끝나자 전쟁 동안 모든 것에서 결핍을 느낀 일군의 젊은이들이 잃어버린 시간을 되찾고 인생을 즐기고 싶어 했다. 도로 찾은 자유를 만끽하려는 이 열기는 '지식인들의 구역'으로 알려진 파리 센 강의 리브 고슈에서, 그중에서도 파리 6구에 위치한 생제르맹데프레에서, 실존주의라는 철학적 운동과 더불어 재즈를 즐기는 문화와 함께 나타났다.

독일군 점령 시절부터 생제르맹 거리의 카페 플로르에는 사르트르와 그의 동반자 시몬 드 보부아르를 중심으로 사람들이 모여들었다. 자유를 되찾은 파리는 기쁨으로 들끓었다. 당시 실존주의는 스캔들로 여겨졌지만 사르트르는 이 구역과 실존주의의 대장이 되어 있었다. 마치 노동자 계층이 이브 몽탕에게서 자신의 동일성을 확인하듯이 말이다. 무정부주의 전통의 계승자인 젊은 지식인들은 삶의 이유를 찾지 못하고 방황하며 무엇엔가 열정을 쏟고 심취하고 싶었다. 그들은 이 구역의 작가들, 사상가들과 예술가들에게서 자신들의 모습을 보게 되었던 것이다.

문학적 상송의 화려한 부활은 리브 고슈의 카바레와 지하술집에서 이루어졌다. 특히 '타부'에서 여러 작가, 음악가, 젊은 예술가 들이 모임을 가지며 가깝게 지냈다. 이곳으로 장-폴 사르트르, 알베르 카뮈, 시몬 드 보부아르, 레이몽 크노, 보리스 비앙 같은 작가, 아바디 같은 음악가, 쥘리에트 그레코 같은 젊은 재능꾼들이 모여들었다. 이후 상송이 시와 문학을 다시 만났고 문학적 상송이 활성화되었다.

이 시기의 상송을 특히 리브 고슈 상송이라 칭한다. 타부나 로즈 루즈 같은 클럽들이 센 강 왼편에 위치한 데에서 이런 이름이 기인한 것이다. 리브 고슈 상송은 문학적 상송답게 텍스트에 중점을 두었고 피아노나 기타로 간단하게 반주하는 수준이었다. 물론 클럽들의 협소함이 여기에 한몫을 한 것도 사실이다. 리브 고슈 상송은 작사-작곡-가수 세대에 의해 실현되었다.

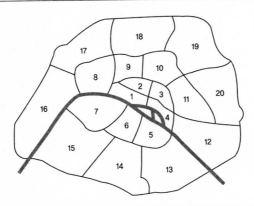

센 강 좌안(左岸, 리브 고슈 la rive gauche)과 우안(右岸, 리브 드루아트 la rive droite)

파리는 20구의 행정구역으로 이루어져 있다. 센 강을 중심으로 남쪽에 위치한 구역 즉 5, 6, 7, 13, 14, 15구가 리브 고슈, 북쪽에 위치한 구역들이 리브 드루아트에 속한다.

센 강은 서울의 한강처럼 파리를 동서로 가로지르며 흐

르는데, 강의 흐름을 중심으로 센 강의 남쪽은 좌안, 북쪽은 우안으로 구분한다. 이것은 지역적인 구분이라기보다는 삶의 스타일, 유행, 분위기 등에 의한 구분이라고 하겠다.

소르본 대학으로 유명한 라틴 구역과 생제르맹데프레 거리를 포함하는 리브 고슈가 학생과 젊음의 거리라면, 리브 드루아트는 주택지와 고급 상가로 이루어져 있으며, 특히 생 토노레 거리를 중심으로 크리스찬 디오르나 입생로랑 같은 고급 패션가가 형성되어 있다.

센 강 좌안과 우안, 한강의 강남과 강북이라는 명칭을 통해서 우리나라와 프랑스 사이에 존재하는 의식의 차이를 느낄 수 있다. 우리나라에서는 한강을 중심으로 강남과 강북으로 구분하는 것에 비해, 프랑스에서는 좌안과 우안으로 구분하기 때문이다. 우리나라의 경우 이데올로기에 의한 남북의 대치로 인해 남과 북의 구분이 더 의미를 갖는다면, 프랑스의 경우 좌파와 우파 구분이 더 익숙하기 때문일 것이다.

그리고 1945년 이후 샹송은 신비스럽고 무게 있는 목소리의 쥘리에트 그레코를 통해 새로운 모습으로 나타났다. 가수이자 배우인 쥘리에트 그레코(1927~)는 남프랑스의 몽펠리에에서 태어났다.

그레코의 어머니는 제2차 세계대전 중 레지스탕스 활동에 적극적으로 가담했다. 그레코는 1943년 독일 비밀경찰에 의해 체포되었고 두 자매도 파리에서 프랑스 경찰에 체포되고 만다.

그녀의 어머니와 언니는 독일로 끌려갔고 그레코는 당시 15세라는 어린 나이 때문에 감옥에서 풀려났다.

1945년 어머니와 언니가 풀려났다. 그레코는 밤에 시(詩)를 다루는 라디오 프로그램을 진행하기도 하고 영화에도 출연하면서 틈나는 대로 일하였지만 가난한 생활은 계속되었다. 그러면서 장 콕토, 보리스 비앙, 마일즈 데이비스와 같은 쟁쟁한 명사들이 연주하던 지하 카바레 타부에 드나들게 되었다. 그녀는 '긴 머리에 검은색 옷'을 입은 이미지를 구축하면서 점점 이름을 알리기 시작했다. 명사들과 함께 있는 그레코의 사진이 잡지 표지를 장식하곤 했는데, 그녀는 풍속의 자유와 반항을 상징하게 되었다.

1949년 주위 사람들의 권유로 그레코는 노래를 하게 되었다. 그녀를 위해 사르트르는 '블랑-망토 거리(Dans la rue des Blancs-Manteaux)'를, 레이몽 크노는 '네가 생각한다면(Si tu t'imagines)' 등의 시 작품을 내놓았다. 그레코는 가수로서 명성을 얻게 되지만 성공은 제한적이었다. 비평가들이 보기에 너무 지적이고 문학적이었으며 일반 대중에게는 널리 알려지지 않은 상태였다.

1951년 그녀는 첫 앨범을 내놓았다. 이 노래들 중에 프레베르가 시를 쓰고 코스마가 곡을 쓴, 그녀를 대변하는 노래 격인 '난 나일 뿐(Je suis comme je suis)'이 포함되어 있다.

프랑스 전국 공연을 다니면서 그녀는 여러 편의 영화에도 출연하고 뉴욕을 비롯한 해외 공연도 몇 차례 다녀온다. 또 새로운 세대의 대가들의 노래를 부르며 자신의 레퍼토리를 넓혀 갔다. 베아르의 '이제 더 이상은 없어(Il n'y a plus d'après)', 갱스부르의 '아코디언(L'Accordéon)', '자바 춤(La Javanaise)', 레오 페레의 '귀여운 여인(Jolie môme)', 브렐의 '곧 갈게(J'arrive)' 등이 좋은 예이다.

프랑스 정부는 현재까지의 그녀의 업적 전반을 높게 평가해서 1984년 레종 도뇌르 훈장[5]을 수여했다. 그녀는 끊임없이 새로운 세대와 교류를 시도하면서도 여전히 자신만의 스타일을 지니고 있다. 1999년과 2003년에 새 앨범을 발표하고 2004년에는 올랭피아에서 공연을 하는 등 활발한 활동을 펼치고 있다. 2008년 11월에는 압드 알 말릭과 함께 노래 '로미오와 줄리엣'을 녹음했다.

여기 생제르맹데프레의 실존주의 유행을 보편화시킨 노래라고 할 수 있는 '네가 생각한다면'을 소개한다.

네가 생각한다면, 소녀야
사랑의 계절이 영원히 지속되리라고 생각한다면
잘못된 생각이야.
젊은 날은 사라지고
축제의 기쁜 날들은, 태양과 위성들은
춤추듯 둥글게 돌지만
소녀야 넌 똑바로 걸어가고 있어,
네가 보지 못하는 것을 향해.

아주 은밀히 네게 다가온단다.

재빨리 늘어가는 주름들이,

늘어지는 기름들이 주름진 턱이

축 늘어진 근육이

그러니 꺾어라 장미들을, 인생의 장미들을

이 장미의 꽃잎들이 모든 행복으로

넘치는 바다가 되도록 꺾어라.

꺾지 않는다면, 소녀야, 잘못 생각하는 거야.

1960년대의 예예 족과 전통 계승자들

　　1950년대 초반, 주어진 환경에서 행복을 찾지 못한 미국 십대들은 비트 세대로 자리 잡았다. 비트 족은 삶에 아무런 기대도 걸지 않았으며 그들에겐 미래도 희망도 없었다. 인간의 행복은 고작 소비 열풍이나 쳇바퀴 도는 생활 속에서 구현될 뿐이었다.

　　백인 중산층 사회는 여전히 흑인을 차별했고 흑인은 시민권을 제대로 누리지 못했다. 백인 사회 문화와 동떨어져 있던 흑인은 그들 나름의 표현 방식을 발견했다. 격렬하고 자극적인 동작으로 이루어진 로큰롤이라는 새로운 춤을 찾아낸 것이다. 이같이 사랑의 열정과 육체적 쾌락을 암시하는 흑인의 원색적인 표현은 억압된 백인 세계에는 생소한 것이었다. 백인 청교도 사회의 십 대들은 성적 쾌락을 암시하는 노랫말을 흥얼거리며 쾌감을 느꼈다. 이들은 새로운 스타일, 새로운 음악, 새로운 태도를 창조했다. 록 음악이 출현한 것이다.

한편 프랑스에서는 제2차 세계대전 레지스탕스의 영웅인 샤를 드골 장군이 정계에 복귀하고 제5공화정이 출범하면서 경제와 정치가 안정기를 맞았다. 1960년 초 미국에서 건너온 새로운 음악인 로큰롤이 유행하기 시작했다. 삼박자인 상송에 익숙해져 있던 프랑스의 온 관중은 이박자인 록 음악에 열광했다.

젊은이들은 전자 기타와 드럼을 사고 록 그룹을 결성했다. 젊은 세대는 로큰롤을 음악뿐만 아니라 삶의 방식으로 간주하였다. 1961년 11월 첫 록 페스티벌에서 검은 가죽 재킷을 입은 젊은이들이 난동을 일으켰다. 정부는 곧 미국에서처럼 록을 금지하고 어떻게든 TV 같은 대중 매체에서 록 음악을 소외시키려고 했다. 미국의 TV는 엘비스 프레슬리처럼 성적으로 자극을 주는 가수는 배제하거나 나오더라도 상반신이나 얼굴만 찍었다.

록 페스티벌의 난동 이후 정부는 모든 종류의 록 공연을 불허했다. 대신 새로운 현상이 나타났다. 전복적인 요소와 반항성이 완전히 제거된 록이 등장한 것이다. 그들은 "예예(yé-yé)"를 외쳐댔다. 예예(yéyé) 족이 등장한 것이다.

영미권의 록은 반항의 음악이다. 록 음악에서 사용하는 전자 기타는 1960년대 베이비붐 세대의 반항을 상징하였다. 그러나 프랑스의 록은 그렇지 못했다. 대개 예예 곡은 느리고 덜 공격적이며 반항 정신은 거의 존재하지 않았다. 가사는 십 대들의 관심사에 접근했지만 심각한 주제는 다루지 않았다. 당시 알제리 전쟁 중이었음에도 불구하고 정치적이거나 종교적인 주제는 언급하지 않았다.

예예 가수들은 취직을 위한 교육, 직업의 선택, 주거 문제, 사랑, 부부 생활 등 젊은이들의 진정한 고민거리들을 노래하지 않았다. 또한 미국의 록처럼 노골적인 성적 암시를 드러내지 않았으며 사랑과 행복과 우정을 노래했다. 가사 또한 별 의미 없는 의성어의 반복인 경우가 많았는데, '예예'라는 말도 영어에서 감탄사로 쓰이는 '예스(yes)'에서 발음만 따와 반복한 것이다.

텍스트 위주의 노래인 상송과 비교해서 프랑스의 록과 트위스트 등은 음미할 만한 가사 내용을 가진 경우가 드물었고 멜로디도 빈약한 경우가 허다했다. 조명과 고함, 강력한 음향 시설과 단조롭고 쩌렁쩌렁 울리는 연주가 어우러진 데다, 가수들이 주저하지 않고 무대에서 구르거나 셔츠를 찢는 공연은 십 대들을 자극하여 집단 히스테리 현상을 일으키기도 했다.

이 시대의 젊은이들은 스윙을 노래했던 자주 같은 전쟁 초기의 선배들보다 훨씬 강하게 퇴폐적이고 강렬한 리듬의 록 음악을 선보였다. 십 대들은 젊은 가수들에게 열광했고 이들은 십 대들의 우상이며 종교가 되었다. 십 대들은 이들의 사진과 의복 등을 수집하고 이들이 흘린 땀방울만이라도 받으려고 안간힘을 썼다. 옷차림부터 모든 것을 자신들의 우상처럼 하고자 했다.

과거에는 몇몇 대(大)가수들만이 누렸던 인기를 이제는 많은 십 대 가수들이 누릴 수 있었고 그 인기는 최고조에 달했다. 매니저와 음반 회사들이 이러한 현상을 간파하고서 오히려 이것을 조장했다고 볼 수 있다. 아무리 외진 시골에서도 라디오와 텔레비전을 통해 이 우상들의 노래를 듣고 얼굴을 볼 수 있었다. 그들의 음반은 날개 돋친 듯이 팔려나갔다.

예예 가수들은 자전거 체인과 이유 없는 반항이 함께 어울린 '검정 가죽 재킷'의 이미지로 일반화되었다. 점점 더 청소년층을 자극하는 노래들이 범람했다. 여기에서 중요한 사실은 노래뿐만 아니라 언론에 의해서도 이런 우상들이 만들어지고 조작되었다는 점이다. 언론은 어떤 면에서는 십 대를 성인(成人)화했다. 그리고 자신의 고객을 이분시킬 수 있는 정치나 종교 같은 문제는 다루지 않고서 십 대들의 사랑과 그들의 고민 같은 가벼운 주제에 중점을 맞췄다.

예예 족으로서 우리나라에는 잘 알려져 있지 않지만 전 세계적으로 유명한 가수를 소개한다. 바로 클로드 프랑수아(1939~1978)이다. 많은 사람들이 즐겨 듣고 또 광고 음악으로도 자주 사용되는 프랭크 시나트라의 '마이 웨이(My Way)'가 실은 원곡이 따로 존재한다는 사실을 아는 이는 그리 많지 않다.

1968년에 발표된 '언제나처럼(Comme d'habitude)'은 모든 세대를 통틀어서 전 세계적으로 가장 많이 알려진 상송일 것이다. 영국의 폴 앵카가 영어로 불렀던 노래를 프랭크 시나트라가 부르면서 이 노래는 국제적인 명성을 얻게 되었다. 레이 찰스,

엘비스 프레슬리, 니나 시몬을 비롯해서 많은 가수들이 '마이
웨이'를 불렀다. 섹스 피스톨즈는 이 노래를 펑크 버전으로 불
렀고 세계적인 성악가인 루치아노 파바로티도 이 노래를 불렀다.

난 일어나 너를 흔들어 깨우지.
넌 잠에서 깨어나지 않아, 언제나처럼.
네가 추울까 봐 다시 이불을 덮어 주지.
나도 모르게 네 머리를 쓰다듬어,
넌 내게서 등 돌려 눕지, 언제나처럼

난 재빨리 옷을 챙겨 입고,
방에서 빠져 나와,
혼자서 커피를 마셔.
또 지각이야, 소리 없이 집을 나서지.
밖은 아직 어둠에 젖어 있어.
한기가 느껴지면, 옷깃을 세우지.

하루가 지나가고, 집으로 돌아오겠지.
넌 외출에서 아직 돌아오지 않았을 테고,
혼자서 난 그 크고 썰렁한 침대에
몸을 뉘겠지, 흐르는 눈물을 감추면서,
밤조차도, 난 아무렇지 않은 척할 거야.
너는 돌아오겠지.

나는 너를 기다릴 거야,

넌 내게 미소 짓겠지, 언제나처럼.

클로드 프랑수아는 이집트에서 태어나서 어린 시절을 보냈다. 1956년 온 가족이 모나코로 이주했고 아픈 아버지를 대신해 어린 프랑수아가 돈을 벌어야 했다.

당시 록 음악과 트위스트 춤에 심취해 있던 그는 첫 싱글을 발표하지만 실패를 맛보았다. 1962년 에벌리 브라더스의 노래를 프랑스어로 번안한 '아름다운 그녀들(Belles belles belles)'로 대성공을 거두면서 그는 연이어 영미권 노래를 프랑스어로 번안해서 불렀다. 더 나아가 엘비스 프레슬리의 무대 스타일을 본따서 노래했다. 그의 노래 '널 사랑하기 때문이야, 아들아(Parce que je t'aime, mon enfant)'를 엘비스 프레슬리가 '마이 보이(My boy)'라는 영어 노래로 바꿔 부르기도 했다.

그가 남긴 400여 곡의 노래 대부분이 100여 개의 언어로 불리고 있으며, 그가 활동을 시작한 1962년부터 2005년 사이에 전 세계적으로 그의 음반 6,000만 장 이상이 팔렸다.

그의 노래 중 가장 잘 알려진 노래는 역시 '언제나처럼'이다. 프랑스판 위키피디아에 따르면 이 노래에는 2,500여 가지 버전이 있다고 한다. 1967년에 발표된 이 노래는 당시 연인이었던 프랑스 갈과의 이야기를, 끝나가는 사랑을, 부부 사이의 단조로운 일상을 통해 말하고 있다. 반면 영어 버전인 '마이 웨이'는 죽음을 앞둔 한 노년의 남자가 자신의 일생을 돌아보면서 자신이 살아온 길에 어떤 후회도 없음을 말하고 있다.

예예 가수들과 달리 전통적인 샹송을 계승하는 젊은 가수로, 우리나라엔 '눈이 내리네(Tombe la neige)'로 잘 알려진 작곡가 겸 가수 살바토레 아다모(1943~)가 있다. 그는 1965년 부드러운 가성으로 인기를 얻었다. 특히 일본과 우리나라에서 그의 인기는 여전하다.

아다모는 이탈리아에서 태어나 1947년 광부인 아버지를 따라 벨기에로 건너갔다. 그의 음악 스타일은 시대의 흐름인 예예에 역행하며 주로 탱고와 자바 음악을 사용한 로맨스 풍이다. 세계적으로 유명한, 1965년 발표된 '눈이 내리네'는 무려 72주 동안 가요 순위 정상을 차지하는 영광을 안기도 했다. 이 노래는 우리나라에서도 샹송의 고전이라 할 수 있다. 1970년대 가수 김추자를 시작으로 이미배, 김선희와 1990년대의 태무에 이르기까지 여러 가수들이 우리말로 이 노래를 불렀다.

1968년 5월 혁명과 현대 샹송의 도래: 세르주 갱스부르와 미셸 폴라레프

    프랑스 현대 샹송의 진정한 출발점은 현대 프랑스 사회와 정치의 틀을 제공한 1968년 5월 학생 혁명이라고 하겠다. 당시 프랑스 사회는 물질적인 측면에서는 모든 것이 풍족했다. 제2차 세계대전 이후 경제 성장 지수는 매년 6퍼센트를 넘어섰고 물가 구매력도 향상되었다. 실업률도 2퍼센트 정도에 머물렀다. 프랑스 사회는 그야말로 소비 사회의 구조에 물들어 있었다.

    그러나 1967년 4월 무렵 대학가에서부터 불안과 불만의 목소리들이 터져 나왔고 11월에는 학생들이 거리로 뛰쳐나왔다. 1968년 2월에 들어서자 사태가 급변하였다. 중·고등학교 교사들이 파업을 선언했고 고교생 비상 대책 위원회가 결성되었다. 한편 이 무렵 미국을 중심으로 베트남 전쟁 반전 운동이 터졌고 소련 전차는 프라하 거리를 누비고 다녔다. 이 당시 파리는 '금지하는 것이 금지된', 모든 것이 허용되던 시기였다. 자유와 변화를 갈구하는 구호가 벽을 뒤덮었다.

1968년 5월 학생 혁명의 발생 배경과 그 원인으로 세 가지를 들 수 있다. 첫째는 대학 내 문제로서 제2차 세계대전 후 프랑스의 낙후된 교육 시설과 대학생들의 삶의 질을 개선해 달라는 요구가 거세어졌다.

두 번째는 드골 대통령의 권위주의적 관료주의와 강력한 중앙 집권 정치로, 이에 반발하여 지방 분권과 더 많은 자유와 자율권에 대한 요구가 표면화되었다. 당시 소련과 미국을 중심으로 이데올로기의 냉전이 심화되는 현상을 보였고, 냉전 체제에서 반핵 운동이 태어났다. 특히 베트남 전쟁에 반대하는 고등학생과 대학생들은 미국 제국주의를 비판하였다.

세 번째는 전쟁 이후 급속한 산업화로 인한 사회 구조적인 변동과 소비 사회의 도래에 따른 의식 구조의 변화다. 종전 후 급격한 사회 변동으로 소비 사회가 도래했지만 사람들은 그 영향과 결과에 대해 미처 인식하지 못하고 있었던 것이다.

파리 대학생들의 시위로 시작된 이 혁명은 점차 다른 대도시와 프랑스 전역으로 확대되었고 고등학교 학생들과 교사들까지 시위에 참가하게 되었다. 공장의 노동자들과 회사원들까지 가세하면서 프랑스 전역에서 공장과 가게들이 문을 닫고 전 프랑스가 마비 상태에 이르렀다. 거리에서는 모든 사람들이 자유롭게 토론하는 대화의 장이 형성되었다.

대학생들은 더 나은 대학 생활 개선을 위한 요구를 내걸고 1967년 11월부터 시위를 시작했으나, 초반엔 별 호응을 얻지 못했다. 1968년 3월 22일, 학생들은 낭테르 대학을 점거하고 여러 요구 사항을 내걸었는데, 그중 하나가 여대생 기숙사에 남학생들이 자유롭게 드나들 수 있도록 허용해 달라는 것이었다.

이것은 당시 프랑스 사회를 짓누르는 간섭과 통제로 대표되는 권위주의에 대항하는 몸짓이었다. 당시 대학 기숙사는 남녀로 구분되어 있었고, 여고생들이 바지를 착용하는 것이 금지되어 있었다. 어른들의 전통적인 사고방식과 새로운 젊은 세대의 사고방식의 차이가 너무도 컸다.

무대에서 전자 기타가 기관총인 양 온몸을 비틀어 대던 십대의 우상인 젊은 가수들은 젊은이들의 혁명인 5월 혁명에 대해 어떻게 생각하고 행동했을까? 이 우상들은 막상 행동의 장으로 넘어가는 시점에는 아무도 그 현장에 모습을 드러내지 않았다. 직접적으로 이 혁명을 다룬 노래인 '파리 5월(Paris mai)'은 곧 금지곡이 되었다.

> 기진맥진한 그 학생은 머리를 쥐어뜯는다.
> 분노에 찬 그 학생은 셔츠를 벗어 던진다.
> 동지들이여, 내 몸이 여전히 시대에 걸맞은가?
> 몸 안의 내 마음만 시대에 뒤떨어진 것일까?
> 여자 친구와 함께 춤을 출 때 우리가 춤추는 것인지
> 아니면 대지가 흔들리는 것인지 알 수가 없다.

난 더 이상 아버지 얼굴에 침을 뱉고 싶지 않다.
왼팔과 오른팔로
만일 이 비좁은 피난처를 내가 책임져야 한다면.
생기 없는 연설과 분노에 찬 찬가들,
미래에 대한 열정과 만성적인 기억 상실증을 지닌
인간이 옳은 것인지 아닌지 난 정말 알고 싶다.

1968년 학생들의 혁명은 다른 여러 나라에 영향을 주었다. 독일의 SDS운동(독일 사회주의 학생 연맹 운동)이나, 미국의 베트남 반전 운동 그리고 체코슬로바키아의 프라하의 봄 등이 그것이다. 또한 1965년부터 시작된 중국의 문화혁명과 더불어 이 혁명은 젊은이들이 사회에서 정치적 세력을 형성할 수 있으며 권력과 기성세대의 권위에 대항하고 문제 제기를 할 수 있음을 보여 주었다고 하겠다.

1968년 5월 혁명을 실패한 혁명으로 간주하는 사람들도 있다. 1789년 프랑스 대혁명처럼 정치적인 변화로 이어지지 못했기 때문이다. 그러나 이 혁명이 프랑스 사회 전반에 큰 영향을 주었고 현대 사회의 기본 틀을 제공했음은 분명한 사실이다.

68혁명의 결과와 영향을 보자. 우선 최저 임금이 35퍼센트 인상되고 근로 시간이 단축되었다. 프랑스 사회 전체적으로 대화의 분위기가 형성되고 일방적으로 진행되던 수직 하향적인 분위기가 점차 완화되었다. 또한 사람들은 현대 사회의 세계화와 소비 사회의 문제점들을 인식하게 되었다. 그리고 프랑스 인들은 더 이상 정치적인 문제에 관심을 두지 않게 되었다.

이제 사람들은 새로운 가치를 존중하기 시작했다. 자율성을 중심으로 개인의 삶과 자아실현에 더 중요성을 두게 되는데, 이런 자각은 사회의 전통적인 사고와 권위와 통제에 대한 개념의 재정립으로 이어졌다. 곧 자치와 공동체 정신을 중심으로 새로운 규칙과 사고가 생겨나게 되었다. 특히 68혁명 이후 피임약의 개발과 더불어 성적인 해방과 자유정신이 두드러지게 나타났다. 페미니즘이 힘을 얻고 가정에서 남편과 아내의 가사 분담 같은 것들을 논의하게 되었다.

젊음과 자유의 68혁명은 당연히 1970년대 샹송계에 커다란 영향을 주었다. 혁명 이후 젊은이들 사이에 결혼보다 자유로운 동거가 일반화되었고 노래도 과감하게 섹스를 말하기 시작했다. 세르주 갱스부르는 육체파 여배우 브리지트 바르도와 함께 불렀던 '널 사랑해, 나 역시 널 사랑하지 않아(Je t'aime, moi mon plus)'라는 문법에 어긋나는 제목의 노래에서 파격적인 의성어와 함께 노골적으로 육체적인 사랑을 노래해 스캔들을 일으켰다. 이 노래는 프랑스를 제외한 유럽 여러 나라와 미국에서 금지곡이 되었다. 갱스부르는 계속해서 '해변, 태양과 섹스(Sea, Sun And Sex)', '에로틱한 69년(69 Année érotique)' 등을 발표하였는데, 젊은이들의 감각적인 삶을 통해 폐쇄적이고 이중적인 기성 사회에 대한 조롱과 반항을 표현했다. 물론 중세 이래로 외설적인 노래와 에로틱한 노래들이 있었지만 이런 노래들은 음지에서 불렸으며 이처럼 방송을 타지는 못했었다.

세르주 갱스부르는 구(舊)소련의 내전을 피해 파리로 이민 온 러시아인 부모 사이에서 태어났다. 1957년 그는 카바레에서 처음 노래를 불렀다. 당시 유행하던 생제르맹데프레의 문학적 샹송과는 차이를 두는, 신랄하고 비꼬는 내용의 그의 노래는 점차 많은 가수들의 관심을 받게 되었다.

갱스부르는 특히 일탈적인 행동으로 사회의 규범에 반항했다. 그는 늘 술에 취한 듯한 태도, 중얼거리는 듯한 목소리, 손에서 떠나지 않는 담배와 거침없는 행동, 복잡한 사생활 등으로 스캔들을 뿌리고 다녔다.

1975년 그는 며칠 동안 면도를 하지 않아 수염이 까칠한 턱을 들어 올리며 무대에 섰다. 주정뱅이에 골초이자 퇴폐적이고 육감적이면서도 동시에 절망적인 모습으로 나타난 그는 자신을 '갱스바르(Gainsbarre)'로 칭하였다. 갱스부르와 갱스바르는 지킬 박사와 하이드처럼 그의 양면성을 말하고 있다.

1991년 그의 예고된 죽음이 찾아왔다. 그가 떠난 후 그에게 경의를 표하는 젊은 가수들이 영국과 프랑스에서 늘고 있는데 대표적인 경우가 엠시 솔라르이다. 그는 자신의 노래 '새로운 웨스턴(Nouveau Western)'에서 갱스부르의 '보니와 클라이드'를 재조명하고 있다.

20세기 후반 작사-작곡-가수 세대에서 갱스부르만큼 프랑스 샹송에 영향을 끼친 이는 없을 것이다. 그는 음악의 새로운 흐름을 잘 소화하는 뛰어난 능력을 가진 작곡자였고 음악적 정체성을 변화시키며 증대시키는 능력이 탁월했다. 그의 변신은 끝이 없었다. 그는 카바레의 피아니스트에서 자신의 딸 샤를로트나 바네사 파라디 같은 어린 여자 스타들의 보호자가 되었고, 보리스 비앙 스타일의 재즈에서 레게까지 소화했으며, 1965년부터 미국 팝의 영향을 받은 노래를 발표하다가 록 음악과 '단짝(Le tendem)' 같은 펑키로 변신하기도 했다.

한동안 록 음악에 몰두하던 그는 레게에 심취하여 자메이카 음악인들과 함께 공연을 떠나서 큰 성공을 거두었고, 레게 풍의 국가(國歌) '라 마르세예즈'를 발표해 물의를 일으키기도 했다. 갱스부르는 명실 공히 프랑스 샹송의 '지킬 박사와 하이드'였다. 그는 전통적인 샹송에서 탈피해서 다양한 리듬을 자기화하며 늘 새로운 음악을 선보인 훌륭한 작곡가였지만 "변신의 귀재"라며 그를 비난하는 이들도 있었다.

갱스부르와 더불어 당시 샹송계에 파문을 일으켰던 가수는 작사-작곡-가수인 미셸 폴라레프(1944~)이다. 그의 아버지는 에디트 피아프와 물루지에게 노래를 주었던 작곡가였다. 폴라레프는 스무 살 때 강압적인 아버지의 교육법을 피해 집을 나와 파리 거리에서 노래를 부르며 생활했다.

갱스부르나 뒤트롱처럼 록과 프렌치 팝을 하는 영미권 음악 스타일의 가수들과는 달리 그는 우선 외모부터 확연하게 다르다. 그는 여자도 남자도 아닌 양성적인 이미지를 고수해서 대중 매체로부터 퇴폐적인 분위기를 조성한다는 등의 비난을 받았고, 그의 노래는 시대에 앞선 가사로 라디오에서 금지곡이 되기도 했다. 그의 '너와 사랑을(L'Amour avec toi)'은 밤 10시가 넘어야 전파를 탈 수 있도록 규제를 받았다. 또한 1972년 올랭피아 공연을 알리는 6,000여 장의 포스터에 자신의 벌거벗은 뒷모습을 실어서 포스터 한 장당 10프랑씩 벌금을 물기도 했다.

'우리 모두 천국에 갈 거야(On ira tous au paradis)'는 68혁명 이후 사회의 변화에도 불구하고 여전히 프랑스 사회를 짓누르는 정치적·도덕적·종교적 편견과 보수 세력으로부터의 진정한 자유를 노래했다.

> 사회에서 생각만 하고
> 해서는 안 될 말들이 있지.
> 그러나 난 관심 없어
> 사회의 답답한 도덕성 따위에는.
> 난 단지 너와 사랑을 나누고 싶을 뿐이야.

그는 여러 편의 영화 음악 작곡과 공연 등으로 분주한 생활을 했다. 그러나 사기 사건의 희생자가 되며 경제적인 어려움에 봉착하자 1973년 프랑스를 떠나 미국에 정착하였다. 미국에서 영어 음반을 발표하며 성공을 거두던 1984년 그는 프랑스로 돌아와서 1989년 음반 〈카마수트라(Kama Sutra)〉를 내놓았다.

미셸 폴라레프는 우리나라에 꽤 알려진 가수이다. '누가 할머니를 죽였나요?(Qui a tué grand-maman?)'는 도시 개발로 인해 파괴되는 자연을 애통해하고 있는데, 그가 시대에 앞서서 자연 보호와 환경 파괴에 관심을 가졌음을 보여 준다. 한 가지

흥미로운 사실은 이 노래와 5·18 광주 민주 항쟁 때 불렸던 '오월의 노래', 그리고 한류 열풍을 일으킨 드라마 〈겨울연가〉의 삽입곡인 이루마의 '웬 더 러브 폴스(When the Love Falls)', 세 노래의 멜로디가 동일하다는 점이다. 그러나 어떤 경위로 폴라 레프의 이 노래가 "두부처럼 잘리워진"으로 시작하는 '오월의 노래'의 멜로디로 차용이 되었는지는 명확하게 밝혀지지 않고 있다.

성(性)의 자유는 피임법의 발달과 출산율의 저하를 가져왔고 낙태 문제로까지 이어졌다. 낙태의 합법화는 결과적으로 여성들의 사회 활동을 가속화했다. 더 많은 자율권과 경제권을 갖게 된 여성들은 자아실현과 자유로운 사랑 등을 찾아 가정을 희생시키고 결혼의 굴레를 집어던지는 일이 많아졌다.

1970년대에는 이혼이 사회 문제로 대두되었으며 매우 흔한 일이 되었다. 때를 맞춰 1973년 미셸 델페슈가 '이혼(Les divorcés)'을, 안 실베스트르가 '내 남편은 떠나 버렸네(Mon mari est parti)'를 발표했다. 또한 1970년대에는 오일 쇼크 등으로 인한 경제난으로 실직자가 대량 발생했다. 사회의 흐름에 민감한 예술가들은 지체 없이 이 문제를 다루었다. 에디 미첼의 '오늘 저녁, 그는 집에 돌아가지 않아(Ce soir, il ne rentre pas)'는 회사의 통합으로 직장을 잃고 집으로 돌아가지 못하는 한 가장(家長)을 보여 주었다.

담배를 비벼 끄고 재떨이를 밀어낸 후

화장실로 향한다, 불안한 걸음걸이로.

그리고 되돌아와 계산한다, 샌드위치와 커피 값을.

오늘 저녁 그는 집에 돌아가지 않아.

정오에 인사 담당 상사가 그를 부르더군.

"나쁜 소식이네. 금요일까지만 일하게.

한 다국적 기업이 우리 회사를 인수했는데

자네는 좋은 성과를 내지 못했고, 그래서 해고됐네."

이 일을 당분간 비밀로 하기로 했어.

알리기가 두려워. 부인과 담당 은행원에게 이 끔찍한 사
실을.

그의 나이에 실직자가 된다는 것은

부인에게 배신당한 남편보다 더 비참해.

그는 집에 들어가지 않아.

골프여 안녕, 카드놀이도 안녕. 생 트로페에서 휴가도

사립 대학에서 애들을 교육시키는 것도 끝이야.

그는 자신을 생각하며 눈물 흘린다.

자신이 마치 이민 노동자 같고, 세상에서 버림받은 느낌
이다.

그는 해고당한 거야. 더 이상 희망이 보이지 않아.

이 술집 저 술집을 방황하며 절망에 사로잡혀

오늘 저녁 그는 집에 돌아가지 못하네.

1980년대와 사회적 상송:
르노와 장-자크 골드망

1981년 프랑스 사회당의 프랑수아 미테랑이 대통령으로 당선되었다. 1958년 제5공화정 출범 이래 처음으로 사회당 후보가 대통령으로 당선된 것이다. 프랑스 사회당의 기본 사상과 철학은 모든 시민의 평등과 민주적인 사상을 바탕으로 한 사회 건설을 목표로 한다.

사회 구성원은 자신의 삶과 선택, 결정에 있어서 자유로워야한다. 이 자유는 두 가지 요건을 수반한다. 우선 자유란 배고픔, 무지함, 미래에 대한 두려움 같은 어떠한 외적인 억압과 구속도 받지 않아야 한다는 것이다. 그리고 개인은 사회 공동체의 결정 사항에 참여하고 행동할 수 있어야 한다는 것이다. 따라서 개인의 자유는 평등을 전제한다.

사회주의자들이 지향하는 사회는 다른 사람들에 대한 배려와 존경으로 세워지고 공동의 행동 위에 세워진 사회이다. 이 것은 타인과의 연대 의식을 의미한다. 연대 의식은 개인의 행복을 제한하지 않지만 개인적인 이익을 위해 타인을 이용하는 이기주의와는 결코 양립할 수 없다.

1980년대 프랑스는 대량 소비 사회가 가속화되면서 소득의 불균형이 심해졌고, 그로 인해 사회 구성원 간의 갈등이 불거졌던 시대이다. 프랑스 식민지였던 북아프리카 출신의 흑인과 아랍인들은 프랑스 사회에서 겪는 소외감과 가난 등으로 불만을 터트렸다. 이들은 주로 파리나 마르세유 같은 대도시 주변의 서민 아파트에 거주했다.

사회당 좌파가 정권을 잡게 되면서 그 어느 때보다 참여 가수들이 큰 인기를 얻게 되었다. 1980년대의 참여 음악은 양상이 바뀐다. 이제 음악인들은 17세기의 퐁네프 시절처럼 직접적으로 정치 문제에 관심을 갖기보다는 사회 계층 간의 갈등, 기아, 에이즈와 암 같은 질병, 인종 차별, 인권과 전쟁, 자연 보호 등의 문제로 시선을 돌렸고, 모든 사람들로 하여금 공동체 의식과 책임감을 갖게 하려는 데 앞장섰다. 장-자크 골드망, 르노 같은 안티 영웅들이 큰 성공을 거뒀다.

가수 르노는 에티오피아의 기아를 돕기 위해 1985년 '국경 없는 가수들'을 모집했고 '새로운 빈곤층'을 위한 공동체 모임이 이루어졌다. 참여 가수들은 희극 배우인 콜뤼슈와 함께 겨울 동안 무료 식사 배급소인 '사랑의 식당(Les Restos du Coeur)'

을 열어 가난하고 집 없는 이들에게 무료 배급을 실시하기 시작했다. 콜뤼슈의 갑작스런 죽음 이후에도 이 식당은 여전히 겨울마다 운영되고 있다. 이처럼 참여 가수들은 해마다 가난하고 불우한 이웃을 돕기 위한 자선 공연을 열고 있다. '사랑의 식당'을 돕기 위한 '레장푸아레(Les Enfoirés)' 공연이 대표적인데, '레장푸아레'는 사회에서 학교에서 그리고 가정에서 포기하고 체념한 아이들을 의미하는 조합어이다. 또한 에이즈에 걸린 부모에게서 태어난 아이들을 돕기 위한 '솔랑시[Sol en Si(Solidarité en Sida)]' 같은 합동 공연이 정기적으로 이루어지고 있다.

또한 반(反)인종 차별을 표방하는 단체인 'SOS 인종 차별(SOS Racisme)'이 1984년에 설립되었다. 이 단체는 어떤 형태이건 인종 차별과 투쟁하고 인종 차별을 철폐하는 데에 그 설립 목적을 두고 있다. 프랑스 사회당과 밀접한 이 단체는 젊은이들에게 이러한 투쟁을 알리고 그들에게 다가가기 위해 문화적인 요소를 내세운다. 대표적인 것이 우드스톡 페스티벌을 모방하여 1985년 6월 15일에 열린 'SOS 인종 차별' 콘서트이다.

인종 차별에 대한 샹송계의 관심은 70년대부터 고조되었는데, 알랭 수숑의 '닭장의 노래(Poulailler's song)', 피에르 페레의 '릴리(Lily)'가 대표적인 노래들이다. '릴리'가 흑인 여자를 통해 프랑스 사회의 인종 차별을 고발하고 있다면, 수숑의 '닭장의 노래'는 인종 차별 정책을 펴는 정치인에 대한 고발이다.

77년 수숑은 발레리 지스카르 데스탱 대통령이 이끄는 우파 정권의 경제 정책 실패와 인종 차별적인 경직된 정치를 비판하며 지스카르 대통령을 닭에 비유한 '닭장의 노래'를 발표했다. 이 노래로 그는 프랑스 전국을 닭 우는 소리로 시끄럽게 만들었다. '닭장의 노래'는 이민자들의 힘든 삶과 부당한 사회를 코믹한 스타일로 고발하고 있다.

> 보석으로 치장한 아름다운 가금 사육장 안의
> 마호가니 닭장에서 대화가 오고 간다.
> "항상 친절할 수는 없어. 모든 사람을 좋아할 수도 없어.
> 누구나 똑같은 신문을 읽지 않는 것처럼.
> 파리 전체를 사랑할 순 없어.
> 밤이면 몽마르트르의 가난뱅이 아이들보다
> 피부색이 더 까만 그런 곳도 있어.
> 거기에선 당신의 목숨을 노리지.
> 북아프리카인들이 입는 두건과 긴 소매가 달린 외투는
> 우리네 기후에는 어울리지 않지.
> 로슈아르에는 흑인들을 무서워하는 택시들도 있어."

이러한 인종 차별에 대항하는 전통을 80년대에는 막심 르포레스티가 잇고 있다. 그는 '어디선가 태어나(Né quelque part)'로 극우파 정당인 국민전선을 고발하였다. 미셸 베르제 또한 '집을 떠나 멀리 있는 이들을 위한 노래(Chanter pour ceux qui sont loin de chez eux)'에서 이민자들의 힘든 삶과 부당한 사회를 그리고 있다.

르노(1952~) 역시 소외된 계층의 울분을 토로했는데, 이러한 울분은 속어나 은어를 통해 더욱 생생하게 표현되었다. 1975년 발표한 '내버려 둬(Laisse-béton)'는 젊은이들의 은어를 사용하여 도시 근교 젊은이들의 문제를 고발하고 있다. 이 노래로 이름을 얻으면서 르노는 자신의 노래가 끼칠 수 있는 영향력과 거기에 따른 문제점에 대해 고민하기 시작하였다. 대중 매체는 그에게 가죽 재킷을 걸친 '부랑아'의 이미지를 붙여 주었고, 그는 점차 이런 상황에 거부감을 느끼게 되었다. 사실 르노는 노래에서 자신이 아는 부랑자들이나 소외된 사람들의 실제 모습을 묘사하려고 했다기보다는 이들이 지닌 문제점을 사람들에게 알리고자 했던 것이다.

이 시기에 첫 앨범에 수록되었던 '육각형(Hexagone)'이 재평가되었다. '육각형'은 프랑스의 별명인데, 이 노래에서 르노는 프랑스인의 단점과 문제점들을 유머와 조롱을 곁들여 하나씩 해부한다. 특히 사람들이 좋아하는 그의 노래 유형은 '내가 사는 서민 아파트(Dans mon H.L.M.)'처럼 사회를 사실적으로 그린 노래들이다.

　　내가 사는 서민 아파트 2층에는 꽤 젊은 회사 간부가 살
　고 있어.
　　그는 알파카 모직 양복을 입고
　　아파트 방 두 칸과 발코니 개조에 20만 프랑이나 지불했지.
　　지금에 이르기 위해 20년이나 고생을 했대.

현재에 만족하지만 그는 도망가고 싶다고 하는군.
그러나 그럴 수 없어.
세탁기, 텔레비전, 고양이용 톱밥 등
갚아야 할 것이 아직도 많아서야.
당연한 일이지만
이 훌륭한 온건파 납세자는 어린 아이를 좋아하지 않아.
그가 슬픈지 아닌지 생각해 봐요.

내가 사는 서민 아파트 4층에는 바보 같은 여자가 살고
있어.
광고계에서 일한다는데,
겨울엔 아보리아즈에서,
7월엔 클럽 메드에서 일하지.
머리 염색을 한 모든 여자들이 그렇듯
그녀는 미니 쿠페 자동차를 몰지.
그녀가 키우는 개를 산책시킬 때면
온 동네가 후끈 달아오르지.
여자들의 데모에서 그녀는 첫 열에 자리 잡아.
그러나 그녀는 아이를 원치 않아.
늙어 보이고 엉덩이도 물러지고 주름만 늘기 때문이래.
잡지 「엑스프레스」에서 읽었다는군.
그녀가 책을 읽는지 어떤지는 여러분이 판단하세요.

피아프 스타일의 비극적 톤과 달리, 그의 사실주의적 샹송은 사회 문제에 대한 직접적인 언급을 피하면서 해학적으로 접근하는 따뜻한 시각의 노래들이다. 아마 그 때문에 대중이 깊게 공감하는 것일 게다.

1982년 대중 매체에 지나치게 노출되고 그의 노래들이 자주 비판의 대상이 되면서 피곤해진 르노는 한동안 배를 타고 여행을 떠났다. 1985년에는 아르헨티나에 전쟁을 선포한 영국의 마거릿 대처 수상을 비난하는 노래 '미스 매기(Miss Maggie)'를 발표해 큰 물의를 일으켰다. 1993년에는 에밀 졸라의 소설을 각색한 영화 〈제르미날〉에 출연하였다.

그는 자신을 '신경을 거슬리게 하는 가수'로 소개할 만큼, 노래를 통해 사회를 비판할 뿐만 아니라 정치 비판, 인권, 환경 보호, 평화를 지향하는 단체나 집회에 적극적으로 참여하고 있다.

2001년 9월 11일, 뉴욕에 테러가 발생하였다. 그 끔찍한 날을 잊지 않기 위해, 그리고 제2차 아프가니스탄 전쟁을 말하기 위해 그는 2002년 '맨하탄-카불(Manhattan-Kaboul)'을 발표하였다. 그는 벨기에 출신 여가수 악셀 레드와 함께 부른 이 노래로 2003년 우리나라의 연말 가요대상에 해당하는 '빅투아르 드 라 뮈직(Victoires de La Musique)'에서 '올해의 최우수 노래상'을 수상하였다.

유리와 철근의 빌딩에 사는 푸에르토리코인,
나는 거의 뉴욕 사람이 되었어.

유리와 강철로 세워진 빌딩 안 직장에서 일하고
코카인과 커피를 마시지.

난 지구 반대편의 아프가니스탄에 살아.
지금까지 맨하탄에 대해 들어본 적조차 없어.
나의 일상은 전쟁과 불행이야.

뉴욕과 카불, 저 멀리 떨어진 두 도시에 사는,
전혀 다른 두 이방인
그들은 이름 없는 평범한 사람들일 뿐.
그러나 두 사람 모두
영원한 폭력의 제단 위로 사라진 희생자들이야.

747 비행기가 내 유리창 위에서 폭발했어.
푸른 하늘을 폭풍우가 휩쓸었지.
폭탄으로 내 동네가 완전히 사라져 버렸어.

안녕, 미국의 꿈이여, 아듀.
난 더 이상 개들의 노예가 아냐.
이 개들이 이슬람의 독재자들을 만들어 내네.
이들은 과연 코란을 읽었을까?

나는 다시 먼지 신세로 전락했고

세상의 주인은 되지 못하겠지.
내가 그렇게 좋아하던 이 나라는
결국 진흙의 발을 가진 거인일 뿐이란 말인가?

신들, 종교들,
문명의 충돌,
무기, 군대, 조국, 국가
이것들은 언제나 우리를 포탄막이로 여기지.

이 노래에서 두 희생자는 자신의 상황과 죽음의 원인 등을
이야기하고 있다. 르노는 뉴욕의 세계 무역 센터에서 일하다
2001년 9월 11일 죽은 푸에르토리코 출신 남자를, 악셀 레드
는 2001년 가을 미국을 주축으로 하는 연합군과의 전쟁에서
탈레반의 총격으로 죽은 아프가니스탄 여자를 노래하고 있다.
평범한, 서로 알지 못하는 두 사람을 함께 배치하면서 르노는
아프가니스탄 탈레반 정권의 보수주의(탈레반을 '개들의 노예'로 표
현하고 있다)와 미국의 힘을 고발하고 있다.

그는 1979년 소련의 침공 이후 계속되고 있는 아프가니스탄
내전이나 뉴욕 9·11 테러 같은, 현재 사회에 큰 영향을 주고
있는 시사적인 사건들을 통해 이런 불행의 희생자들은 평범한
사람들이라고 말하고 있다. 이들의 불행과 죽음의 근본적인 원
인을 종교로 간주하고, 테러 역시 종교 간의 갈등에서 기인함
을 강조하고 있는 것이다. 이 노래는 직접적으로 테러를 언급하

고 있진 않으나 '영원한 폭력' 같은 은유나 다른 상징적인 표현을 통해 테러와 그 후유증을 고발하고 있다.

2005년 재혼과 더불어 안정을 되찾은 르노는 남미의 게릴라에게 잡혀 있던 프랑스 기자와 다른 인질들을 위해 노래도 만들고 공연도 하고 이들의 석방을 위한 집회를 주도하는 등 본래의 투쟁적인 영혼을 되찾게 된다. 그는 2006년 음반 〈붉은 피(Rouge Sang)〉의 발표와 더불어 스페인과 남부 유럽에서 성행하는 투우에 반대하는 운동을 벌이고 있다.

1980년대는 전통적인 '리브 고슈' 샹송으로부터 탈피를 시도하는 가수들이 많이 있었고 샹송의 다양성이 꽃피는 시절이었다. 참여 음악에서는 르노와 더불어 장-자크 골드망(1951~)이 1980년대부터 샹송계를 이끌어 온 중심적인 가수라고 하겠다. 그의 노래는 다양한 스타일과 주제를 다루었는데, 영미 음악을 잘 소화해서 독창적인 노래들을 불렀다.

그는 사회를 주의 깊게 관찰하고 노래로 만드는 데에 뛰어난 재능을 보였다. '그녀 혼자서 아이를 키웠네(Elle a fait un bébé toute seule)'는 1970년대에 이혼의 급증으로 전통적인 가정관이 파괴되면서 혼자 아이를 부양하는 한부모가정을 노래한다. '대리 인생(La vie par procuration)'은 이웃과 단절되어 하루 온종일 TV 앞에서 시간을 보내면서 남들의 삶을 통해 대리 만족을 하는 인물을 통해 변해가는 사회의 다양한 모습을 보여 주고 있다. 그에게 샹송은 그 시대를 그때그때 그려 내는 최상의 도구인 것이다.

참새와 비둘기를 불러 모으려고
굳은 빵조각들을 발코니 위에 놓는다.
그녀는 TV 수상기 앞에서
자신의 삶을 대신 살고 있지.
자명종이 울리지 않아도 해 뜨면 일어나고
소음도, 걱정도 없이 하루해가 지나가네.
먼지 털고, 다림질하고 늘 할 일이 있지
시간의 지표로는 혼자 하는 식사뿐.
스포츠 신문에서 타인들의 삶을 전해 듣지만
점점 그들의 스캔들에 익숙해져
정상적인 것으로 받아들이고 말지.
피부를 곱게 하는 크림과 목욕 제품들이 있지만
오래전부터 아무도 그녀를 안아 주지 않아.
몇 달 몇 년 동안 아무도 사랑하는 사람 없이
매일매일 사랑은 잊혀 가지.

폴란드 유태인의 피를 물려받은 골드망은 파리에서 태어났다. 1975년 그룹 타이퐁의 이름으로 발매된 첫 앨범의 수록곡 '제인(Sister Jane)'이 대성공을 거두었고 그는 1976년부터 본격적으로 활동하기 시작했다. 그는 전통적인 텍스트 위주의 상송이 아니어도 프랑스어로 노래할 수 있다는 것을 깨달았다. 당시에는 아무도 이런 위험을 무릅쓰려고 하지 않았다. 1979년 그룹이 해체되고 홀로 된 그는 1982년 새로운 앨범을 발표하였고 '음악이 좋을 때(Quand la musique est bonne)', '내 꿈이 실현될 때(Au bout de mes rêves)', '너처럼(Comme toi)' 등의 노래는 기록적인 음반 판매량을 보였다.

무료 배급 식당인 '사랑의 식당'의 노래를 작곡한 골드망은 1993년 새 앨범 〈적색(Rouge)〉을 발표하는데, 여기에서는 소련 적색 군대 합창단이 함께 노래를 불렀다. 그러면서 1990년 이후에는 캐럴 프레더릭스와 오랜 친구 마이클 존스와 트리오로 활동하고 있다.

2001년 골드망은 알랭 수숑의 '감상적인 대중(La foule sentimentale)'처럼 사람들이 돈과 물질의 노예로 전락하는 현대의 물질 만능 사회를 고발하는 노래를 발표한다. 그는 '물건(Les choses)'에서 "나는 소유한다. 고로 존재한다."라는 새로운 명제를 보여 주었다.

내 유니폼 위엔 오로지 상표뿐이야.

물건으로, 상표로 인해 난 존재하는 거지.

난 사물을 취하지만

물건들이 날 점령하고, 인정하고, 내 값을 매겨 주네.

내가 물건을 갖지만 물건들이 나의 삶을 채워 주네.

더 이상 "나는 생각한다. 고로 존재한다."가 아니야.

이젠 "나는 소유한다. 고로 존재한다."야.

1990년대와 여가수들:
셀린 디옹, 파트리샤 카스, 카를라 브루니

사람들은 재능과 폭발적인 열정을 원하며, 목소리에 대한 열광도 대단한데, 세계적인 스타로 인정받고 있는 셀린 디옹이 가장 좋은 예이다. 우리나라에서 셀린 디옹(1968~)이 샹송 가수라는 사실을 아는 사람들은 그리 많지 않을 것이다.

그녀는 캐나다 퀘백 지방에서 태어났는데, 이 지방은 과거 프랑스의 식민지였기 때문에 여전히 프랑스 어를 영어와 함께 사용하고 있다. 1981년 그녀의 음반 두 장이 발매됐고, 1982년에는 프랑스에도 진출하였다. 또 1988년에는 스위스 대표로 유로비전 노래 대회에 참가해 '날 두고 떠나지 말아요(Ne partez pas sans moi)'라는 노래로 대상을 차지하기도 했다. 그러나 그녀가 지금과 같은 국제적인 명성을 얻게 된 것은 1990년에 발표된 영어 음반 〈유니슨(Unison)〉 이후이다. 이 음반의 타이틀 곡인 '웨어 더즈 마이 하트 비트 나우(Where Does My Heart Beat Now)'는 미국에서 큰 인기를 얻은 첫 곡이며 빌보드 차트 4위에 올랐다.

1995년 골드망이 디옹을 위해 작곡한 음반 〈그들에 관해 (D'eux)〉는 대단한 성공을 거두었다. 골드망은 미국 스타일의 음악에 대항해서 서정적이고 로맨틱한 가사로 프랑스 상송의 매력적인 연금술을 표현하고 있다. 이 음반은 프랑스 어권 음반 판매고 1위에 올랐으며 〈더 프렌치 앨범(The French Album)〉으로 이름을 바꾸어 전 세계에서 7백만 장 이상이 팔렸다. 이 음반에 수록된 노래 '네가 날 다시 사랑하도록(Pour que tu m 'aimes encore)'은 무려 44주 동안 히트곡 순위 1위에 머물렀을 정도였다.

이 노래는 프랑스뿐만 아니라 영국과 아일랜드에서도 톱 텐에 진입했는데, 이것은 프랑스 상송으로서는 드문 일이었다. 또한 캐나다 퀘백과 벨기에 등에서도 오랫동안 인기 차트에 머물렀다. 2003년 영국에서 결성된 팝 오페라 그룹 일 디보가 이 노래를 불렀고 그리스의 여러 가수들도 그리스어로 이 노래를 녹음했다.

1998년 그녀와 골드망은 다시 음반을 내놓았다. 〈사랑하는 것으로 충분하다면(S'il Suffisait D'aimer)〉의 수록곡 '사람은 바뀌지 않아(On ne change pas)', '그의 발자국 소리를 기다리며(En attendant ses pas)' 등은 큰 인기를 얻었다. 또한 2003년 프랑스

어 음반 〈한 여자와 남자 넷(1 Fille & 4 Types)〉을, 2004년에는 어린 아이들을 위한 자장가와 사진을 곁들인 음반 〈기적(Miracle)〉을 내놓았다. 2007년 그녀는 영어와 프랑스 어 음반 각각 한 장씩을 내놓았다. 프랑스 어 음반 〈그녀들에 대해(D'elles)〉는 다섯 명의 프랑스 여류 작가와 다섯 명의 퀘벡 여류 작가들의 작품을 노래로 만든 것이다. 이 중에는 프랑스의 19세기 여류 작가인 조르주 상드의 편지와 성악가 마리아 칼라스에게 바치는 헌정의 노래도 포함되어 있다. 그녀는 2008년 프랑스 정부로부터 레종 도뇌르 훈장을 받았다.

셀린 디옹처럼 프랑스인은 아니지만 프랑스어로 노래하는 일군의 가수들을 프랑스 어권(프랑코포니, la Francophonie) 가수들이라고 이름을 붙이기도 한다. 이 프랑코포니를 설명하기 위해서 우선 프랑스의 영토에 대해 언급을 하도록 하자. 일반적으로 프랑스라고 하면 유럽의 프랑스를 떠올리지만, 프랑스의 영토는 유럽에 있는 프랑스 본토, 해외 도, 해외 영토 (France d' Outre-Mer)로 이루어져 있다.

프랑코포니란 '프랑스 어권' 혹은 '국제 프랑스어 사용국'을 의미한다. 프랑스 어는 프랑스 이외의 나라에서도 사용되고 있는데, 일반적으로 프랑스처럼 프랑스 어를 모국어와 공식 언어로 사용하는 나라, 룩셈부르크처럼 공식어 또는 행정어로 사용하는 나라, 벨기에와 스위스처럼 공용어로 사용하는 나라가 있다. 또한 알제리와 북아프리카, 캄보디아처럼 과거 프랑스의 식민국들이 제2외국어로 프랑스 어를 교육하는 경우가 있다. 이와 같은 여러 나라들이 프랑스 어를 매개로 하여 프랑스 어권 국제기구를 설립하였다.[6] 이 국제기구는 2년마다 개최되는 프랑스 어권 정상 회담을 통하여 회원국 간의 언어·정치·사회·문화적 결속뿐 아니라 첨단 기술, 경제 발전, 환경 보호, 인권 등 여러 분야에서 공조하며 결속력을 과시하고 있다.

1950년대에 프랑스로 건너온 캐나다 출신의 펠릭스 르클레르는 프랑스 어권 가수의 선구자이다. 그러다 1970년대 이후 프랑스에서 불고 있는 변화의 바람과 때를 맞추어 캐나다 출신 가수들의 유럽 진출이 눈에 띄게 늘었다. 로베르 샤를부아와 질 비뇨가 서정적이면서 열정적인 스타일을 선보였고, 다이앤 텔과 이자벨 불레, 밀렌 파머, 셀린 디옹 등이 그 뒤를 잇고 있다. 또한 이들은 가장 전통적인 형태에서부터 가장 현대적인 리듬까지, 그리고 문학적이고 음향적인 노래까지, 다양한 장르를 넘나들었다.

캐나다 출신 가수들 이외에도 다양한 외국 출신의 작곡가와 가수들이 활동하면서 상송은 다양해지고 새로워지고 있다. 자크 브렐과 아다모, 모란 등은 벨기에 출신이고, 미셸 뷜러와 스테판 에셰는 스위스 출신, 앙리코 마시아스와 포델, 할레드 등은 아랍권 출신, 티나 아레나는 호주 출신, 그레이엄 얼라이트는 뉴질랜드 출신, 최근 프랑스 어와 영어로 노래를 부르며 활발한 활동을 보이고 있는 케렌 앤은 이스라엘 출신이다.

이외에도 아시아, 미국, 남미, 아프리카 등 세계 각지에서 많은 작곡가와 가수 지망자들이 프랑스로 몰려들고 있다. 이들은 상업주의에 제한을 받는 상송계에 늘 새로운 흐름과 생명력을 넣어 주고 있다. 또한 이러한 역사적 배경으로 인해 프랑스는 소위 '월드 뮤직'의 중심지로 자리 잡게 되었다.

한편 힘 있는 목소리를 가진 파트리샤 카스는 재즈와 블루스적 요소가 가미된 노래 '내 남자친구(Mon mec à moi)'에서 현대 여성의 관점으로 사랑과 사회를 말하고 있다.

> 그는 내 마음을 갖고서 장난치지.
> 성실하지도 않아, 맘에도 없는 말을 곧잘 해.
> 그러나 난 그의 말을 모두 믿어.
> 그가 내게 하는 이야기들과
> 우리 둘만의 미래에 대해 말할 때면
> 비가 오면 더욱 상큼해지는 박하사탕 같은 기분이야.
> 그의 목소리를 들으며 난 환상에 젖곤 해.
> 물론 그의 이야기들은 사실이 아니지만 난 믿어.

독일과의 국경 지역인 로렌의 탄광 지역에서 태어난 파트리샤 카스(1966~)가 이름을 알리기 시작한 것은 1987년 '블루스를 부르는 아가씨(Mademoiselle chante le blues)'를 발표하면서부터다. 블루스와 재즈, 록에 이르기까지 여러 장르를 다루는 카스는 1988년 '빅투아르 드 라 뮤직'에서 여자 가수 신인상을 수상했고, 사실주의 상송의 전통에 따라 사랑과 삶을 노래한 첫 앨범 〈노래하는 아가씨〉를 내놓았다. 이 앨범에 실린 '내 남자친구'를 비롯한 여러 곡이 인기 순위 정상을 차지했고 이 앨범은 발매 3개월 후에 골든 앨범이 되었다. 1990년 두 번째 앨범 〈삶의 모습(Scène de Vie)〉 발매 이후 그녀는 순회공연을 떠나 러시아를 비롯하여 미국 등에서 해외 공연을 이어간다.

잠시 공백기를 가진 카스는 1993년 새 앨범 〈내가 당신이라고 부르는 너(Je Te Dis Vous)〉를 발표하여 무려 230여 만 장을 판매했다. 1997년 초에 발매한 네 번째 앨범 〈내 몸 안에(Dans Ma Chair)〉는 국제무대를 겨냥하여 미국의 팝 멜로디를 이용한 노래들을 수록했다. 1999년에는 골드망을 비롯하여 자지와 오비스포 등의 작곡가와 합류하여 다섯 번째 앨범 〈암호(Le Mot de Passe)〉를 발표했다. 2002년에는 영화에도 도전했으나 실패를 맛보았다. 그녀는 '새 시대의 노래가 시작된다(Les chansons commencent)'로 21세기의 도래와 공동의 희망을 자축했다. 이 노래는 장-자크 골드망이 만들었다.

> 삶의 공허함, 우연의 일치 안에서
> 존재의 우울함 속에서
> 사랑하건 두려워하건
> 우리가 함께 모일 때
> 새 시대의 노래들이 높게 날아간다.
> 우리의 희망도 함께.
> 조금이라도 의미 있는 존재가 되기 위해
> 길을 잃고 너무 헤매지 않기 위해

외로움을 조금이라도 덜 느끼기 위해
노래들이 우리를 한 곳에 불러 모은다.

파트리샤 카스는 이미 서너 번의 내한 공연을 가졌는데,
2005년 여름 서울, 부산, 광주를 비롯한 여러 도시를 끝으로
세계 순회공연을 마감하였다.

이와 같은 풍부한 성량의 가수들은 특히 뮤지컬에서 많이
만날 수 있다. 1998~1999년에 전 세계적으로 불고 있는 뮤지
컬의 바람이 프랑스를 강타하였다. 〈노트르담 드 파리〉의 대성
공에 힘입어 〈로미오와 줄리엣〉 〈십계〉 〈돈 주앙〉 같은 뮤지컬
이 연이어 무대에 올랐다.

19세기 빅토르 위고의 소설을 다룬 뮤지컬 〈노트르담 드 파
리〉는 2005년에 이어 2006년 1월 서울에서 내한 공연을 가졌
고, 〈십계〉도 2006년 봄 서울 무대에 올랐다. 특히 〈노트르담
드 파리〉는 2008년 2월 한국 가수들이 배역을 맡아 한국어로
노래를 하며 서울에서 공연되었고, 2009년 1월에는 〈로미오와
줄리엣〉이 다시 서울 무대에 올랐다.

셀린 디옹과 파트리샤 카스와 더불어 현재 프랑스에서뿐만
아니라 전 유럽에서 실력을 인정받고 있는 또 한 명의 여자 작
사-작곡-가수를 소개한다. 카를라 브루니(1967~)는 2002년 음
반 〈누군가 내게 말했지(Quelq U'un M'a Dit)〉로 음악계를 깜짝
놀라게 했다. 2백만 장 이상이 팔린 이 음반은 비평가와 관객
들로부터 큰 환영을 받았는데, 이 음반으로 그녀는 그 해 음악

상을 휩쓸었다.

그녀의 첫 앨범은 진정한 충격이었다. 그녀의 분명치 않은
목소리와 오직 두 대의 기타만을 사용한 편곡은 내밀한 텍스
트를 더욱 돋보이게 했다. 이탈리아 출신의 세계적인 모델이었
던 그녀는 1997년 모델 일을 접고 자신이 좋아하는 글쓰기와
노래에 전념한다. 여기 '우리 모두(Tout le monde)'를 소개한다.

우리 모두에겐 꿈의 파편들과
빛바랜 삶의 귀퉁이들이 남아 있다.
모두가 무엇인가를 찾아 떠났지만,
모든 사람이 원하는 것을 찾은 것은 아니었다.

우리 모두에겐 스쳐가는 한 번의 삶이 있을 뿐이다.
그러나 모두가 그 사실을 기억하지 못한다.
더러는 삶을 잘 정리하기도 하고, 더러는 망가트리기도
한다.
그리고 삶을 제대로 보지 못하는 이들도 있다.

브루니는 2008년 2월 그보다 일 년 전 프랑스 대통령으로
선출된 니콜라 사르코지와 대통령 관저인 엘리제 궁에서 결혼
식을 올렸다. 2008년 11월 그녀는 자신의 세 번째 음반 〈마치
아무 일도 아닌 것처럼(Comme Si de Ren N'était)〉을 발표하였다.

에필로그

노래는 시대의 산물이자 사회의 거울이다. 어린 시절의 추억이나 삶의 여러 순간들과 연결되어 있는 대중음악은 대중의 삶과 밀접하게 얽혀 있어 공동체 의식 형성에 큰 몫을 한다. 노래가 있어 대중은 서로에게 공감하며 함께 열광할 수 있는 것이다. 샹송도 마찬가지다. 삶의 기쁨과 고뇌, 희망을 담은 샹송은 한 시대와 사회를 반영하는 동시에 그에 속한 사람들을 하나로 묶는 역할을 해 왔다.

샹송이 산업으로 자리 잡은 지금도 그 본질은 사라지지 않았다. 이국적인 음악에서 양분을 취하고 다양한 국적의 가수들을 받아들인 샹송은 그런 변화에도 불구하고 천 년을 이어온 힘으로 동일성을 유지하고 있다. 또한 산업에 잠식되지 않은 장인 정신을 간직하고 있다. 그러하기에 상송은 영혼을 담은 노래로 남을 수 있는 것이다. 물론 우리는 어떤 노래가 불멸의 노래가 될 것인지는 알지 못한다. 그러나 수많은 상송 중에서 몇몇 노래만은 우리 모두가 사라진 다음에도 이 시대와 사회의 기억을 간직한 채 세상에 남아 있을 것이다. 마치 이 노래처럼 말이다.

> 시인들이 사라지고 오랜 후에도
> 그들의 노래는 여전히 거리에서 불린다.
> 사람들은 신경 쓰지 않고 노래해
> 누가 만들었는지 작가의 이름도 모른 채
> 누구를 위해 그의 심장이 고동쳤는지 알지 못한 채
> 때론 단어 하나, 문장 한 구절을 바꾸기도 하지
> 생각이 나지 않을 때면 그냥 라라라 하기도 해.
>   – 샤를 트레네, '시인들의 영혼(L'Ame des poetes)'

1) '보이렌(Beuren)의 노래'라는 뜻의 『카르미나 부라나』는 1803년
   독일 보이렌 베네딕트 수도원에서 발견된 필사본이다. 1225년부터
   1250년 사이에 쓰인 골리아르(Goliards)-옷을 벗은 성직자들이
   나 떠돌이 대학생들-의 작품으로 추정된다. 독일어, 프랑스 어와 라
   틴 어 등으로 된 교회 음악, 사랑의 노래, 술을 마시며 부르는 노래
   등 세속적인 노래들로 구성되어 있다.

2) 프롱드 난(1648~1653)과 『마자리나드(Les Mazarinades)』-루
   이 13세가 죽은 뒤, 겨우 다섯 살인 루이 14세를 대신해 어머니 안
   도트리슈와 쥘 마자랭 재상이 섭정을 한다. 프롱드 난은 안 도트
   리슈와 마자랭을 반대하던 법관과 귀족이 일으킨 난이다. 이 난은
   1648년에서 1653년까지 지속된다. 마자랭은 루이 13세의 재상 리
   슐리외의 신임을 얻어 왕의 측근이 되었다. 원래 이탈리아 태생이
   었으나 프랑스로 귀화한 그는 추기경 신분임에도 신부 서품을 받지
   는 않았다. 그의 절대적 권력과 조세 정책은 귀족층의 전반적인 불
   만을 야기했다. 이에 반대하는 세력은 마자랭을 공격하는 소책자,
   팸플릿, 노래 등을 유포했는데 이를 총칭한 것이 『마자리나드』이며,
   그 일부가 현재 파리의 마자랭 도서관에 보존되어 있다.

3) 이 책에서 언급되는 20세기에 활동한 가수나 그들의 노래 대부분을
   유튜브닷컴(http://www.youtube.com)에서 가장 손쉽게 들을 수
   있다. 프랑스 어로 가수 이름이나 노래 제목을 적으면 뮤직 비디오로
   감상할 수 있다. 또한 저자가 운영하는 인터넷 카페 http://cafe.daum.
   net/laSeine에도 샹송 가수와 그들의 노래가 체계적으로 정리되어
   있다.

4) 인민전선(프롱 포퓔레르, Front populaire, 1936~1938)은 급
   진당, 통합 사회당, 공산당의 3개 좌파 정당 사이에 체결된 연합
   을 지칭한다. 이 인민전선은 한편으로는 미국의 경제 공황의 여파
   로 1930년에서 1931년 프랑스에 불어 닥친 경제위기에서, 다른 한
   편으로는 독일의 나치즘과 스페인의 파시즘 그리고 프랑스 국내
   의 '악시옹 프랑세즈(l'Action française)' 등의 극우파 동맹과 같
   은 유럽 정치의 극우화 현상에서 그 기원을 찾을 수 있다. 이런 움
   직임은 1934년 좌파 정당과 노동조합, 좌파 지식인의 연합을 초래

했다. 1936년 선거에서 승리한 인민전선은 레옹 블룸을 수반으로 정치권에 들어섰는데, 인민전선의 계획안은 경제적인 면보다는 정치적, 사회적 측면에 치중되었다. 노동자들의 월급 인상, 주 40시간 근무, 유급 휴가 등이 주요 안건이었던 것이다.

5) 프랑스의 국가 최고 훈장인 레종 도뇌르 훈장은 나폴레옹 1세가 1802년 제정한 이래 정치, 경제, 사회, 문화 분야에서 공훈이 있는 사람에게 수여된다. 한국에서는 고(故) 김대중 전 대통령, 이건희 삼성전자 회장, 박태준 전 포스코 회장, 국회의원 송영길 등이 이 훈장을 받았다.

6) 프랑스 어권 국제기구(L'Organisation Internationale de la Francophonie)의 회원국- 유럽에서는 벨기에, 스위스, 룩셈부르크, 모나코와 루마니아 등이, 아프리카에서는 알제리, 튀니지, 모로코 등을 포함하는 마그레브 권과 카메룬, 세네갈, 코트디부아르 등 여러 나라, 그리고 아시아 인도차이나 반도의 베트남과 캄보디아, 중동의 레바논, 북미의 캐나다, 남태평양의 폴리네시아 군도, 카리브 해 인근의 중남미에 위치한 아이티와 도미니크 공화국처럼 전세계 광범위한 지역에서 프랑스어를 사용하고 있는 나라들이 회원국이다.

참고문헌

Brierre, Jean-Dominique et coll., *L'Encyclopédie de la chanson française: Des années 40 à nos jours*, Hors Collection, 1997

Calvet, Louis-Jean, *Chanson et société*, Payot, 1981

Calvet, Louis-Jean et coll., *Cent ans de chanson française*: 1907-2007, L'Archipel, 2006

Charasse, *Claudette et coll., Chansons du patrimoine*, Nathan, 1996

Coulomb, Sylvie et coll., *68-88. Histoire de chansons: Maxime Leforestier à Etienne Daho*, Balland, 1987

Duneton, Claude, *Histoire de la chanson française 1: Des origines à 1780*, Seuil, 1998

Giuliani, Elizabeth et coll., *Souvenirs, souvenirs... Cent ans de chanson française*, Galllimard, 2004

Goudeau, Mathias et coll., *Sur l'air du temps: 30 chansons ont changé la France*, Jean-Claude Lattès, 1999

Klein, Jean-Claude, *La Chanson à l'affiche: Histoire de la chanson française du café-concert à nos jours*, Du May, 1991

Robine, Marc, *Anthologie de la chanson française I, II: Des trouvères aux grands auteurs du XIXe siècle*, Albin Michel, 1994

Saka, Pierre et coll., *La Chanson française et francophone*, Larousse, 1999

Vernillat, France et coll., "Que sais-je?", *la Chanson française*, PUF, 1992

알랭 디스테르, 성기완 옮김, 『록의 시대: 저항과 실험의 카타르시스』, 시공사, 1996

샹송

펴낸날	초판 1쇄 2010년 5월 17일
	초판 3쇄 2015년 10월 21일

지은이	전금주
펴낸이	심만수
펴낸곳	(주)살림출판사
출판등록	1989년 11월 1일 제9-210호

주소	경기도 파주시 광인사길 30
전화	031-955-1350 팩스 031-624-1356
기획 · 편집	031-955-4671
홈페이지	http://www.sallimbooks.com
이메일	book@sallimbooks.com

ISBN	978-89-522-1416-4 04080

054 재즈

eBook

최규용(재즈평론가)

즉흥연주의 대명사, 재즈의 종류와 그 변천사를 한눈에 알 수 있도록 소개한 책. 재즈만이 가지고 있는 매력과 음악을 소개한다. 특히 초기부터 현재까지 재즈의 사조에 따라 변화한 즉흥연주를 중심으로 풍부한 비유를 동원하여 서술했기 때문에 재즈의 역사와 다양한 사조의 특징을 쉽게 이해할 수 있다.

255 비틀스

eBook

고영탁(대중음악평론가)

음악 하나로 세상을 정복한 불세출의 록 밴드. 20세기에 가장 큰 충격과 영향을 준 스타 중의 스타! 비틀스는 사람들에게 꿈을 주었고, 많은 젊은이들의 인생을 바꾸었다. 그래서인지 해체한 지 40년이 넘은 지금도 그들은 지구촌 음악팬들의 많은 사랑을 받고 있다. 비틀스의 성장과 발전 모습은 어떠했나? 또 그러한 변동과정은 비틀스 자신들에게 어떤 의미였나?

422 롤링 스톤즈

eBook

김기범(영상 및 정보 기술원)

전설의 록 밴드 '롤링 스톤즈'. 그들의 몸짓 하나하나는 우리가 생각하는 것보다 훨씬 더 탁월한 수준의 음악적 깊이, 전통과 핵심에 충실하려고 애쓴 몸부림의 흔적들이 존재한다. 저자는 '롤링 스톤즈'가 50년 동안 추구해 온 '진짜'의 실체에 다가가기 위해 애쓴다. 결성 50주년을 맞은 지금도 구르기(rolling)를 계속하게 하는 힘. 이 책은 그 '힘'에 관한 이야기다.

127 안토니 가우디 아름다움을 건축한 수도사

eBook

손세관(중앙대 건축공학과 교수)

스페인의 세계적인 건축가 가우디의 삶과 건축세계를 소개하는 책. 어느 양식에도 속할 수 없는 독특한 건축세계를 구축하고 자연과 너무나 닮아 있는 건축가 가우디. 이 책은 우리에게 건축물의 설계가 아닌, 아름다움 자체를 건축한 한 명의 수도자를 만나게 해준다.

131 안도 다다오 건축의 누드작가

임재진(홍익대 건축공학과 교수)

일본이 낳은 불세출의 건축가 안도 다다오! 프로복서와 고졸학력, 독학으로 최고의 건축가 반열에 오른 그의 삶과 건축, 건축철학에 대해 다뤘다. 미를 창조하는 시인, 인간을 감동시키는 휴머니즘, 동양사상과 서양사상의 가치를 조화롭게 빚어낼 줄 아는 건축가 등 그를 따라다니는 수식어의 연원을 밝혀 본다.

207 한옥

박명덕(동양공전 건축학과 교수)

한옥의 효율성과 과학성을 면밀히 연구하고 있는 책. 한옥은 주위의 경관요소를 거르지 않는 곳에 짓되 그곳에서 나오는 재료를 사용하여 그곳의 지세에 맞도록 지었다. 저자는 한옥에서 대들보나 서까래를 쓸 때에도 인공을 가하지 않는 재료를 사용하여 언뜻 보기에는 완결미가 부족한 듯하지만 실제는 그 이상의 치밀함이 들어 있다고 말한다.

114 그리스 미술 이야기

노성두(이화여대 책임연구원)

서양 미술의 기원을 추적하다 보면 반드시 도달하게 되는 출발점인 그리스의 미술. 이 책은 바로 우리 시대의 탁월한 이야기꾼인 미술사학자 노성두가 그리스 미술에 얽힌 다양한 이야기를 재미있게 풀어놓은 이야기보따리이다. 미술의 사회적 배경과 이론적 뿌리를 더듬어 감상과 해석의 실마리에 접근하는 또 다른 시각을 제공하는 책.

382 이슬람 예술

전완경(부산외대 아랍어과 교수)

이슬람 예술은 중국을 제외하고 가장 긴 역사를 지닌 전 세계에 가장 널리 분포된 예술이 세계적인 예술이다. 이 책은 이슬람 예술을 장르별, 시대별로 다룬 입문서로 이슬람 문명의 기반이 된 페르시아 · 지중해 · 인도 · 중국 등의 문명과 이슬람교가 융합하여 미술, 건축, 음악이라는 분야에서 어떻게 표현되었는지 설명한다.

417 20세기의 위대한 지휘자

김문경(변리사)

뜨거운 삶과 음악을 동시에 끌어안았던 위대한 지휘자들 중 스무 명을 엄선해 그들의 음악관과 스타일, 성장과정을 재조명한 책. 전문 음악칼럼니스트인 저자의 추천음반이 함께 수록되어 있어 클래식 길잡이로서의 역할도 톡톡히 한다. 특히 각 지휘자들의 감각 있고 개성 있는 해석 스타일을 묘사한 부분은 이 책의 백미다.

164 영화음악 불멸의 사운드트랙 이야기

박신영(프리랜서 작가)

영화음악 감상에 필요한 기초 지식, 불멸의 영화음악, 자신만의 세계를 인정받는 영화음악인들에 대한 이야기를 담았다. 〈시네마천국〉〈사운드 오브 뮤직〉 같은 고전은 물론, 〈아멜리에〉〈봄날은 간다〉〈카우보이 비밥〉 등 숨겨진 보석 같은 영화음악도 소개한다. 조성우, 엔니오 모리꼬네, 대니 앨프먼 등 거장들의 음악세계도 엿볼 수 있다.

440 발레

김도윤(프리랜서 통번역가)

〈로미오와 줄리엣〉과 〈잠자는 숲속의 미녀〉는 발레 무대에 흔히 오르는 작품 중 하나다. 그런데 왜 '발레'라는 장르만 생소하게 느껴지는 것일까? 저자는 그 배경에 '고급예술'이라는 오해, 난해한 공연 장르라는 선입견이 존재한다고 지적한다. 저자는 일단 발레라는 예술 장르가 주는 감동의 깊이를 경험하기 위해 문 밖을 나서길 원한다.

194 미야자키 하야오

김윤아(건국대 강사)

미야자키 하야오의 최근 대표작을 통해 일본의 신화와 그 이면을 소개한 책. 〈원령공주〉〈센과 치히로의 행방불명〉〈하울의 움직이는 성〉이 사랑받은 이유는 이 작품들이 가장 보편적이면서도 가장 일본적인 신화이기 때문이다. 신화의 세계를 미야자키 하야오의 작품과 다양한 측면으로 연결시키면서 그의 작품세계의 특성을 밝힌다.

eBook 표시가 되어있는 도서는 전자책으로 구매가 가능합니다.

(주)살림출판사
www.sallimbooks.com
주소 경기도 파주시 문발동 522-1 | 전화 031-955-1350 | 팩스 031-955-1355